中医养生丛书

严蔚冰　整理　导读

洗髓經

上海古籍出版社

图书在版编目（CIP）数据

洗髓经 / 严蔚冰整理、导读. —上海：上海古籍
出版社，2018.7　（2024.6 重印）
（中医养生丛书）
ISBN 978－7－5325－8914－2

Ⅰ.①洗…　Ⅱ.①严…　Ⅲ.①易筋经（古代体育）－基
本知识　Ⅳ.①G852.6

中国版本图书馆 CIP 数据核字（2018）第 137103 号

责任编辑　刘海滨
装帧设计　严克勤

洗髓经

严蔚冰　整理、导读

上海古籍出版社出版发行

（上海市闵行区号景路159弄1－5号A座5F　邮政编码201101）
　（1）网址：www.guji.com.cn
　（2）E-mail：guji1@guji.com.cn
　（3）易文网网址：www.ewen.co

印　刷　上海丽佳制版印刷有限公司
开　本　787×1092　1/16
印　张　8.75
插　页　3
字　数　116,000
版　次　2018 年 7 月第 1 版
　　　　2024 年 6 月第 6 次印刷
印　数　15,501—17,800
ISBN　978－7－5325－8914－2/G·695
定　价　42.00 元

如有质量问题，请与承印公司联系

序 一

去年八月，上海古籍出版社出版了严蔚冰先生整理的养生经典古本《达摩易筋经》，吾曾应邀为之作序。近期严蔚冰先生之另一相关大作《洗髓经》也即将出版，余细读其书稿，深感严蔚冰先生又为中华传统养生学的传承与保护做了一件很有贡献的大实事。

《易筋经》、《洗髓经》二经传承千年，皆具完整的体系，涵盖修习技法、心法和助行，同时两者亦是互为次第的养生经典。中国古代养生法浩如烟海，但能真正完整传承至今的并不多，比较有代表性的有《易筋经》、《五禽戏》、《八段锦》等，其中《易筋经》流派最多，传播最广。人们普遍对《易筋经》了解较多，而对《洗髓经》则相对陌生，皆因《洗髓经》一直只在宗门内传承的缘故。

相传菩提达摩于南北朝时来华传授禅法，见弟子们身体柔弱，静坐时易犯"昏沉"，于是传授《易筋经》以对治。后来弟子们筋骨强壮了，心思却出现"散乱"，于是又传授《洗髓经》以对治，从而做到内外兼修，易筋以坚其外，洗髓以清其内。后人所见之《洗髓经》乃由禅宗二祖慧可禅师以佛经偈颂体形式翻译而成，其中有不少佛教名相，韵多古音，现代人直接去读原著比较困难。有鉴于此，严蔚冰先生特以其深厚的禅学功底与养生学素养，根据其本人的传承与实证以及多年教学经验，将"本衙藏板"

1

《洗髓经》整理成为一部适合现代人阅读、学习和修炼的书籍。在整理和编撰的过程中，严先生既尊重原著，对经内的古语古义钩玄提要，条分缕析，详加注解，以求理解通达，又以其自身传承与实证的心得，对技法、心法、助行等予以精妙阐述，深入浅出地将《洗髓经》全面、具体地介绍给读者，使读者既了解"洗髓"之义理，又对其技法之修习入手有据，次第清晰。尤其注重讲解《洗髓经》融养生技法之修炼于日常生活之中，亦即融合于日常生活之行、住、坐、卧、睡中，方法简洁，行之有效，实用性强，容易坚持。

总的来说，无论在学术意义上或在实用意义上，本书都是一本很有价值的著作，既有利于对古本《洗髓经》义谛的进一步研究和传承，将其经义发扬光大，也有利于推广这套古典而实用的养生功法，促进国民健康。因此，我很乐意向广大读者和养生界朋友推荐严蔚冰先生的这本养生力作，是为序。

卓大宏

2010 年 4 月 22 日

序　二

三十多年前，我曾经接触过《洗髓经》。相传《洗髓经》系古印度高僧菩提达摩所传，是专门用来对治"散乱"的。散乱的心灵不单是修行人才有，而是芸芸众生的普遍烦恼，大大地影响了人们的生活、学习和工作。对于这样一部古代养生经典，应该抱什么样的态度？关于这个问题，严蔚冰先生用了二十多年时间细致探索、逐一印证。如果说探索是学术上的，那么印证则必须通过长期的传承与实践。从本书的内容来看，严蔚冰先生的每一步都踏踏实实、令人信服。

去年，上海古籍出版社决定出版严蔚冰先生整理编著的《达摩易筋经》，承严先生盛情，邀我为之作序。据我所知，上海古籍出版社是国内顶尖级的专业出版社，对于所用的古籍版本与学术质量都有严格的要求。此书一经出版，不出半年便销量过万，受到广大读者和不少养生学专家的好评。今年再出版《洗髓经》，也就成了顺理成章的事情了。

中国传统养生文化，是我们老祖宗的智慧结晶。记得几年前严先生跟我说起在整理《易筋经》、《洗髓经》，我说整理古代养生经典第一不能离开传承，另外治学还需要有一个正确的态度，有了正确的态度才能避免浮躁、心平气和地去做事。再就是要在学术上做研究，如果不在学术上有所建树，人云亦云，那只能是随波逐流，势必不会长久。现在看到了《洗髓经》，我甚感欣慰。《洗髓经》导引养生法非常符合现代人的身心状况，尤其是在多重压力下所产生的心理症状，用洗髓的方法一定会从根本上起到效果。

有传承，有实证；有学理的考究，亦有详细的演练。《洗髓经》是本高质量的养生宝典，我郑重向大家推荐。

林中鹏

2010 年春

前　言

1. 菩提达摩与《易筋经》、《洗髓经》

北魏太和十年（公元 486 年），嵩山来了一位虬髯的南天竺僧人，他在五乳峰半山腰岩洞中面壁而坐，一坐就是九年，人称"壁观婆罗门"。此人名叫菩提达摩（公元？—528 或 536 年），出生于南印度婆罗门族，意译作道法，又称菩提达摩多罗、达摩多罗、菩提多罗、简称达摩（磨）。据《达摩宝传》说："达摩南天竺香枝国王之三太子，不恋王位，出家修道，成就大觉金禅，为西天禅宗第二十八祖。成道后不恋圣境，发愿到东土传立空妙。"菩提达摩从海上来到广州，正值南北朝刘宋时代，当时中国的佛教比较兴盛。菩提达摩先到金陵（今南京），初见梁武帝，梁武帝不识妙理，于是过长江至嵩山，面壁九年。后人为了纪念他，将此岩洞叫"达摩洞"，洞深七尺，阔四尺半，内有一影壁（原影壁已失，现为后人复制）。菩提达摩从自心中顿见佛性，少言多行，不立文字，教外别传，时有具足慧根者前来问道求法，其弟子除慧可（惠可）外，较著名的有道育、僧副（道副）、昙林（昙琳）等。

《景德传灯录·僧副传》载："道副因性爱定静，四方寻师，访得达摩于岩穴之中，师言问深博，遂感而从其出家，修习禅法，寻端极绪，有大成就。"当时有一位名叫神光的僧人，在伊洛披览群书，以旷达闻，仰慕菩提达摩师之高风，断臂求法，菩提达摩师感其精诚，遂传安心之真法，授彼一宗之心印，改名慧可。达摩在嵩山经历九载，欲回归西方，嘱付慧可一宗之秘奥，授袈裟与《楞伽经》四卷。未久菩提达摩即入寂，葬于熊耳山上林寺。过了三年，北魏使臣宋云经过葱岭时，适逢达摩携只履归西。从此菩提达摩在华夏被尊为禅宗初祖，慧可为二祖，开创中国禅宗，梁武帝尊为"圣胄大师"，唐代宗赐谥号"圆觉禅师"，塔名"空观"。

《易筋经》和《洗髓经》相传都是菩提达摩所传之方便法门。菩提达摩在汉地传授禅法时，见学人筋骨柔弱、易犯"昏沉"，由是传授《易筋经》；其后又发现学人虽然身强体壮却又易犯"散乱"，便应机传授《洗髓经》。如果说练《易筋经》是为了强身健体，那么练《洗髓经》则是修心养性，两者相辅相成、次第相继，是习静修禅定的前行阶梯。《易筋洗髓并行不悖说》有云："错综变易而兼行之，运中有定，定中有运，一动一静互为根，一阴一阳之谓道。"

《洗髓经》的养生内容主要由"行住立坐卧睡篇"和"洗髓还原篇"等组成，以坐功为主，让散乱的心安静下来，消除身心障碍，为静坐之前行。洗者，清洗、洗涤，有洗心革面、洗心涤虑之意。髓者，泛指人体之精髓、骨髓、心髓、脑髓等。经者，经典也，有将玑珠串联之意。经，又作径解，入道之门径。按照中医养生学的说法，人体脏腑中藏有精、津、血、气、神等生命精髓，维持着生命的延续。《素问》曰："五脏六腑皆出于精髓，以行血气，血气不和，百病乃变化而生。"

《洗髓经》在传统养生学界享有十分重要的地位。后世传承的国术中被尊为"经"的，只有《易筋经》和《洗髓经》两部，其余均称为"拳诀"、

"拳谱"或"捶谱"等。至于此两经是否达摩所传,还是后人托名,本书不多作讨论,笔者想要强调的是,作为一套历史悠久、传承有序的功法,其本身是传统养生学的结晶,凝结了历代修炼者的智慧与心血,也是其真正价值之所在。

特别值得一提的是,2009 年公布的第二批上海市非物质文化遗产名录中,"达摩易筋经"榜上有名。同年,上海古籍出版社出版的《达摩易筋经》被中华中医药学会授予"新中国成立 60 周年全国中医药科普著作奖"。

2."本衙藏板"《洗髓经》

《洗髓经》属于禅宗修行的方便法门,历来多在门内传承,世人难以窥其全貌,由此也被蒙上了一层神秘的面纱。千百年来,禅师们将《洗髓经》的内容融入生活和修行之中,吃喝拉撒、行、住、立、坐、卧、睡都不离洗髓,洗髓之名相逐渐被淡化了,以致许多修行人亦不知有《洗髓经》一说,或者以为早已失传。

从历史上的各种迹象来看,《易筋经》和《洗髓经》一直是分开传承的。《洗髓经》属上乘内功,在民间有《内功图说》传世,但也只是在极少数入室弟子之间传承。《洗髓经》后来被人们所知晓,是明末清初时官府刊刻了一部《易筋经》和《洗髓经》的合订本,《洗髓经》附于《易筋经》之后,其内封注明"本衙藏板",另有"宋少保岳鹏举鉴定"字样。该版本系当时郡、府官署选取民间版本中最完整、最接近古本原貌的善本,经官方雕刻印刷而成,样本考究,文献价值高。

"本衙藏板"《洗髓经》,署"西竺达摩祖师著",由慧可译为汉文,体例为佛教的五言偈颂体，读起来朗朗上口，便于记忆。全文共十篇，开篇为慧可禅师的"翻译《洗髓经》意序"，接下来依次是"翻译《洗髓经》总义"、"无始钟气篇第一"、"四大假合篇第二"、"凡圣同归篇第三"、"物我一致篇第四"、"行住立坐卧睡篇第五"、"洗髓还原篇第六"、"翻译经义后跋"、"传临济正念篇第七"。书中没有图谱，但有历代修炼者的附录和批注，极大地丰富了这套古老的导引洗髓养生法，其完整性亦是很难得的。《洗髓经》中大多数内容是阐述洗髓之理，导引洗髓养生法主要收于"行住立坐卧睡篇"和"洗髓还原篇"。其后的"八段锦导引法"既可印证此二篇，又可参照修习。

《易筋经》和《洗髓经》是用以锻炼身心的方便法门。佛学之禅法注重"根本"。所谓禅法不离世间法。若要传禅法也应从世间法入手。达摩祖师将易筋、洗髓二法作为入门筑基和参禅悟道的前行功课来传授。《易筋经》之"总论"中即有阐述："其初基有二，一曰：清虚；二曰：脱换。能清虚则无障，能脱换则无碍。无障无碍，始可入定出定矣。知乎此，则进道有基矣。所云清虚者，洗髓是也；脱换者，易筋是也。其洗髓之说，谓人之生，感于情欲，一落有形之身，而脏腑肢骸，悉为滓秽所染，必洗涤净尽，无一毫之瑕障，方可步超凡入圣之门，不由此，则进道无基。所言洗髓者，欲清其内。易筋者，欲坚其外。如果能内清净，外坚固，登圣域在反掌之间耳，何患无成？"

一套完整的养生功法，犹如一个健全的人，功法是其骨骼，心法是其心脑，技法是其手脚，动作要诀是其经脉，辅助功法是其血液，缺一不可。《洗髓经》凡圣同归，它统摄上、中、下不同根器的众生，乃改变自身心灵之门径，针对性强，自身即可依"经"验证。因此，《洗髓经》并非随意创编的粗合之作，千百年来凝聚着历代实践者的智慧，使之不断完备，造福人类，功德无量，被后世誉为禅功之源。

3. 返璞归真

由于《易筋经》动作精简、功效显著、流传甚广，以致历代学人对《洗髓经》也倍加推崇。"洗髓"之法阐述精专，为静坐修行之前行，由此在传承的过程中，也出现了不少托名之作。笔者选用"本衙藏板"《洗髓经》，予以整理、演练，一是为了尊重传承，二是为了和其他版本相区别。《洗髓经》新版，在保存古本原貌和精髓的基础上，作了如下整理：

1. 选用师传国术古本"本衙藏板"《洗髓经》，此为古籍善本，刊刻精美，文献价值较高。保持古本原貌，对古本内容不删节、不改编，保留了禅宗传承的"传临济正念篇第七"和心法。

2. 为方便阅读，在整理编撰过程中，将古本繁体直版改为简体横版，并为全文断句，依据现代标点符号应用规范加以标点，按照佛经偈颂体的格式排列。又增加简注，将古本中涉及的佛教名相和道教术语作了解释。

3. 原著只有《八段锦导引法》动作导引口诀而无图谱，现补齐《八段锦导引法图》古图谱，并增加了导引动作的分解演示。

4. 选用明代中医古籍《类经》中古代十四经脉图谱（任、督二脉图和十二经络图）作为附录，因其与古本《洗髓经》的风格比较接近，以便于读者学习和印证。

5. 根据传承和多年的教学经验，将《洗髓经》的内容分段讲解，名为"《洗髓经》践行传弘诀"，并制作相应的洗髓导引动作教学光盘。

6. 两年前，笔者意外发现了一代宗师张三丰传承的《洗髓经》抄本。

他将《洗髓经》的真谛用道教内丹术的形式传承给了邱玄清，邱玄清又将
"丹经版"的《洗髓经》手抄本传了下来。现将邱道长的"洗髓经又序"
附录于本书后，便于读者对道教"内丹术版"的《洗髓经》有一初步
了解。

目　录

1

《洗髓经》传承与心得

本衙藏板

洗髓经

翻译《洗髓经》意序

《易筋》、《洗髓》俱非东土之文章，总是西方之妙谛①，不因祖师授受，予安得而识之，又乌自而译之也哉！

我祖师大发慈悲，自西徂东，餐风宿水，不知几经寒暑，登山航海，又不知几历险阻，如此者，岂好劳耶？悲大道之多歧，将愈支而愈离，恐接绪之无人，致慧根之淹没。遍观诸教之学者，咸逐末而忘本，每在教而泥教，谁见流而债源。忽望震旦②，白光灼天，知有载道之器，可堪重大之托，此祖师西来之大义也。

初至陕西敦煌，遗留汤钵于寺，次及中州少林，面壁趺跏③九年，不是心息参悟，亦非存想坐功，总因因缘未至，故静坐久留，以待智人参求耳。及祖师示人，为第一义谛④，间者多固执宿习，不能领略再请。予何人，斯幸进至人，耳提面命，顿超无上正（传）〔等〕正觉⑤，更有教外别传《易筋》、《洗髓》二帙。

惟《洗髓》义深，精进无基，初学难解，其效亦难至，是为末后之究竟⑥也，及其成也。能隐能显，（串）〔穿〕金透石，脱体圆通⑦，虚灵长活，聚而成形，散则为风，然未可一蹴而至也。

《易筋》义浅而入手有据，初学易解，其效易臻，堪为筑基之初起。是必易筋之功竟，方可因之而洗髓。予得师传，行《易筋》已效，将《易筋》原本一帙，藏之少林壁间，俟有缘者得之。惟《洗髓》一帙，附之衣钵⑧，远游云水，后缘行至，果获奇应，曾不敢轻以告人，又恐久而失传，辜负祖师西来之意，于是不揣鄙陋，翻为汉语，止求不悖经文，不敢致饰于章句，依经详译于后，并为序言于前，以俟智者之玩味而有得也。

释慧可⑨谨序

---

① 妙谛：佛教名相，不可思议的谛理。

② 震旦：亦作振旦、真丹、神丹，新译支那。古印度人对中国的称呼。

③ 趺跏：佛教名相，具称"结跏趺坐"，即盘膝而坐，有吉祥坐、降魔坐等。

④ 第一义谛：佛教名相，即有就是空，空也就是有，圆融无碍，不偏于一边。亦称"中道第一义谛"、"真谛"或"胜义谛"。

⑤ 无上正等正觉：佛教名相，梵语阿耨多罗三藐三菩提，即真正的觉悟的意思。

⑥ 究竟：佛教名相，即事理的至极；有最彻底的觉悟，最高的境界。

⑦ 圆通：佛教名相，即圆满融通。这是佛、菩萨的觉悟境界。

⑧ 衣钵：佛教名相，衣即祖衣，钵亦称钵盂、应器，用土或铁制成，佛教内传衣钵，表示有传承法脉。

⑨ 释慧可（公元487—593）：河南荥阳人，少为儒生，博览群书，通达老庄易学。后出家，精研佛经，礼菩提达摩为师，从学六年，得付心印。被尊为禅宗二祖。

翻译《洗髓经》总义

如是我闻时，佛告须菩提。
易筋工已竟，方可事于此。
此名静夜钟，不碍人间事。

白日任匆匆，务忙衣与食。
运水及担柴，送尿与送屎。
抵暮见明星，然灯照暗室。

晚夕工课毕，将息临卧具。
大众咸鼾睡，忘却生与死。
默者独惊醒，黑夜暗修持。

抚体叹今夕，过了少一日。
无常来迅速，身同少水鱼。
显然如何救，福慧何日足？

四恩未能报，四缘未能离。
四智未现前，三身未皈一。

默观法界中，四生三有备。

六根六尘连，五蕴并三途，
天人阿修罗，六道各异趋。
二谛未能融，六度未能具。

见见非是见，无明未能息。
道眼未精明，眉毛未落地。
如何知见离，得了涅槃意。

若能见非见，见所不能及。
蜗角大千界，蟭眼纳须弥。
昏昏醉梦间，光阴两俱失。

流安于生死，苦海无边际。
如来大慈悲，演此为洗髓。

须（后）〔俟〕易筋后，每于夜静时。
两目内神光，鼻中微运息。
腹中觉空虚，正宜纳清煦。
朔望及两弦，二分并二至。

子午守静工，卯酉干沐浴。
一切惟心造，炼神竟虚静。
常惺惺不昧，莫被睡魔拘。
夜夜常如此，月月须行持。

唯虚能容纳，饱食非所宜。
谦和保护身，恶疠宜紧避。

假借可修真，四大须保固。
柔弱可持身，暴戾灾害避。
过河须用筏，到岸方弃之。

造 (代)〔化〕登成理，从微而至著。
一字透天机，渐进细寻思。
久久自圆满，未可一蹴之。

成功有定限，三年九载余。
从容在一纪，决不逾此期。
心空身自化，随意任所之。

一切无挂碍，圆通观自在。
隐显度众生，弹指趋无始。
待报四重恩，(水)〔永〕灭迷途苦。

后人得此经，信授可奉行。
后人于授受，叮咛视莫轻。

无始钟气篇第一

宇宙有至理，难以耳目契。
凡可参悟者，即属于元气。

气无理不运，理无气不著。
交并为一致，分之莫可离。

流行无间滞，万物依为命。
串金与透石，水火可与并。

并行不相害，是曰理与气。
生处伏杀机，杀中有生意。

理以气为用，气以理为体。
即体以显用，就用以求体。

非体亦非用，体用两不立。
非理亦非气，一言透天机。

百尺竿头步，原始更无始。
悟得其中意，方可言洗髓。

四大假合篇第二

元气久氤氲，化作水火土。
水发昆仑巅，四达注坑井。

静坐生暖气，水中有火具，
湿热乃蒸腾，为雨又为露。

生人又生物，利益人世间。
水久澄为土，火乃气之焕。

人身小天地，万物莫能比。
具此幻化质，总是气之余。

本来非我有，解散还太虚。
生亦未曾生，死亦未曾死。

形骸何可留，垂老后天地。
假借以合真，超脱离凡数。

参透洗髓经，长生无可期。
无假不显真，真假浑无隙。

应作如是观，真与假不二。
四大假合形，谁能分别此？

凡圣同归篇第三

凡夫多吃假，美衣饰其体。
徒务他人戏，美食日复日。
人人皆如此，碌碌天地间。
不暇计生死，总被名利牵。

一朝神气散，油尽而灯灭。
身尸埋旷野，惊魂一梦摄。
万苦与千辛，幻境无休歇。
圣人独认真，布衣而蔬食。

不贪以持己，岂为身口累。
参透天与地，与我本一体。
体虽有巨细，灵活原无异。
天地有日月，人身两目具。

日月有晦朔，星与灯相继。
纵或星灯灭，见性终不没。
纵成瞽目人，伸手摸着鼻。

通身俱是眼，触著则物倚。

此是心之灵，包罗天与地。
能见不以目，能听不以耳。
心若能清净，不为嗜欲逼。
自知原来处，归向原来去。

凡夫与圣人，眼横鼻长直。
同来不同归，因彼多外驰。
若能收放心，常提生与死。
趁此色健身，精进用以力。
洗髓还本原，凡圣许同归。

物我一致篇第四

万物非万物，与我同一气。
幻出诸形相，辅助生成意。

有人须有物，用作衣与食。
药饵及器皿，缺一即不备。

飞潜与动植，万类为人使。
造化恩何洪，妄杀成暴戾。

蜉蝣与蚊蝇，朝生而暮死。
龟鹤麋与鹿，食少而服气，
乃得享长年。

人而不如物，只贪衣与食，
忘却生与死。
苟能却嗜欲，物我而一致。

行住立坐卧睡篇第五

行如盲无杖，自然依本分，
举足低且慢，踏实方可进。
步步皆如此，时时戒急行。
世路忙中错，缓步保平安。

住如临崖马，亦如到岸舟。
回光急返照，认取顿足处。
不离于当念，存心勿外务。
得止宜知止，留神守空谷。

立定勿倾斜，形端身自固。
耳目随心静，止水与明镜。
事物任纷纷，现在皆究竟。

坐如邛山重，端直肃仪容。
闭口深藏舌，出入息与鼻。
息息归元海，气足神自裕。
浃骨并洽髓，教外别传的。

卧如箕形曲，左右随其宜。
两膝常参差，两足如钩钜。
两手常在腹，扪脐摸下体。
睾丸时挣挒，如龙戏珠势。

倦则侧身睡，睡中自不迷。
醒来方伸足，仰面亦不拘。
梦觉详无异，九载见端的。

超出生死关，究竟如来意。
行住坐卧篇，只此是真谛。

洗髓还原篇第六

易筋工已毕，便成金刚体。
外感不能侵，饮食不为积。
还怕七情伤，元神不自持。
虽具金刚相，犹是血肉躯。

须照洗髓经，食少多进气。
搓摩干沐浴，按眼复按鼻。
摸面又旋耳，不必以数拘。
乜眼常观鼻，合口任鼻息。

每去鼻中毛，切戒唾远地。
每日五更起，吐浊纳清气。
开眼去小便，切勿贪酣睡。

厚褥趺跏坐，宽解腰中系。
右膝包左膝，调息舌柱腭。
胁腹运尾闾，推肾手推搦。

分合按且举，握固按双膝。

鼻中出入丝，丝绵入海底。

有津续咽之，以意送入腹。

叩牙鸣天鼓，两手俱掩脐。

伸足扳其趾，出入六六息。

两手按摩竟，良久方拳立。

左脚亦穴然，按摩工已毕。

徐徐方站起，行稳步方移。

忙中恐有错，缓步为定例。

三年并九载，息心并涤虑。

浃骨更洽髓，脱壳飞身去。

渐几浑化天，末后究竟地。

即说偈曰：

口中言少，心头事少。

腹里食少，自然睡少。

有此四少，长生可了。

翻译经义后跋

前译经文，后译名义，
文言名义，异味可通。

梵语达摩，华言法空，
空诸所有，不即不离。

人若执经，终不迁移，
分门别曰，我慢自趋。

同己则许，异己则毁，
在教泥教，老死范围。

如此之人，迂而且鄙，
坐井观天，蟪蛄为期。

祖师圆通，东游西归，
只履独步，熊耳灭迹。

不惟葬度，且并空理，
无挂无碍，得大自在。

噫嘻吾师，天纵生知，
生于默识，幼而颖异。

少游量度，穷有敬谊，
不泥言筌，直见渊源。

时来东土，直指性地，
解缠出缚，天人师资。

数祖洪慈，遗兹妙谛，
后之见者，慎勿漠视。

传临济正念篇第七

月庵超昱绪欣内典翻译

八段锦导引法

闭目冥心坐，
握固静思神。
叩齿三十六，
两手抱昆仑。

左右鸣天鼓，
二十四度闻。

微摆撼天柱。

赤龙搅水井，
漱津三十六。
神水满口匀，
一口分三咽，
龙行虎自奔。

闭气搓手热，
背后摩精门。
尽此一口气，
想火烧脐轮。

左右辘轳转。

两脚放舒伸，
叉手双虚托。

低头攀足频，
以候逆水上。

再漱再吞津，
如此三度毕，
神水九次吞。

咽下汨汨响，
百脉自调匀。

河车搬运讫，
发火遍身烧。

邪魔不敢近，
梦寐不能昏。
寒暑不能入，
灾病不能迍。

子后午前作，
造化合乾坤。
循环次第转，
八卦是良因。

洗髓经

传承与心得

一 《洗髓经》传承与保护

民间非物质文化的传承是很脆弱的，很容易中断。记得吾师往生后，我问师弟（师父的儿子），师父留下的书籍和器械还在吗？答曰：全部烧掉了。通过这件事我发心要做此项传统体育竞技非物质文化遗产的保护人和传承人，尽管难度很大，但工夫不负有心人，还是受益很大。我没有门户之见，法缘很好，凡是遇见的老师都愿意教我。

近代以来，练《易筋经》和《洗髓经》最有成就者当数谢映斋老先生。有传闻谢老当年以十二根金条将金光大师请到家中教功，尽得易筋、洗髓之要旨。谢老既富有且为人慷慨，他在上海福州路大西洋（清真饭店）隔壁开办牙医诊所，早年还成立了螳螂拳社，出版过一本"映斋藏版"《易筋经》，后又拜国术大家佟忠义为师，精螳螂拳、擒拿、大枪等。海派武术不同于其他武术，海派武术是交叉传承的，还吸取了京昆毽子功的内容，更具表演性。朱鑫祥老师是跟随谢老时间较长的，上世纪八十年代初，我俩陪同谢老去公共浴室沐浴，问起传闻之事是否真实，谢老只是淡淡一笑，他在进大池沐浴前向上（挂衣处）使个眼神，我不解其意，朱老师小声告诉我，他衣服口袋内随身带有一块金块，外出消费都由谢老买单。

《洗髓经》传到今天，说明尽管现代科技突飞猛进，目前流行的健身时尚，大多还是万变不离其宗。千百年来，科学技术突飞猛进，但人的生理不会变，人心向善亦不会变，人类还得借助古代养生智慧来保持身、心、灵的健康。《洗髓经》、《易筋经》不单是一个养生套路，而是一部完整的养生经典，有完整的理论支持，体现了达摩传法的风格，先明理，后学法，有"总论"、"膜论"、"内壮论"作理论支持，从"易筋十二势"入手，又从《洗髓经》入门，辅助行法一应俱全，先理入印心，后践行易形，有修有证。

一直以来，《洗髓经》作为宗门所传法卷，故显得神秘莫测。作为《易筋经》的后续修行篇，同时也收录了一些相关的导引吐纳养生法，如宋朝的《八段锦》（站式武八段）和明代养生学家高濂的《八段锦导引法图》（坐姿）等。《洗髓经》以坐功为主，在上坐以前要先动，以动助静，相传《武八段锦》就是从《易筋经》简化脱胎而来。清代周述官《演说易筋洗髓合编书后》说："《易筋》主运，定镇之；《洗髓》主定，运导之。舍定求运，搬运难运；舍运求定，欲定难定。先定后运，一运即定。先运后定，无定不运。专运落外壮，专定落枯禅。"

《练功秘诀》曰："易筋仅能换劲，洗髓始能通神，故易筋功浅，而洗髓义深。练功者，欲练洗髓，必须先发大愿心，看破七情六欲，忘却生死关头，穷其究竟，始克收成功之效。"师辈们在传授《洗髓经》时是很庄重的，要《易筋经》练到一点"火气"也没有，再教《武八段锦》和《八段锦导引法图》，循序渐进过渡到行、站、坐、卧、睡。由于斯法"精于心，简于形"，生怕学者轻视，故不会轻传，这可能是《洗髓经》变得神秘的又一缘故。

传承之法缘并非攀附而得，自我三皈①五戒②后，有缘亲近高僧大德，尤其是临济宗的，总想弄清楚禅师所传法卷内容是否属《洗髓经》，一直到我出任佛教协会秘书长（湖北省黄石市），有缘经常和大和尚们在一起，看到他们神闲气定的样子，再细心琢磨他们的行、住、坐、卧睡等，才知道他们已将《洗髓经》融入生活中，真所谓：担柴运水，拉尿屙屎不离这个，从此就再也没有什么寻找武功秘笈的念头了。

愚得师承后一直很慎重，不敢妄传，恐人谤法。多年来法缘殊胜，屡得明师③指点，愚也放得下了，不敢独享，经师辈印可，可作传授，才选用"本衙藏板"《洗髓经》为底本，编撰法本，供同仁参学，恭请同道雅正。

---

① 三皈：皈依佛、皈依法、皈依僧，谓三皈依。
② 五戒：即一不杀生戒、二不偷盗戒、三不邪淫戒、四不妄语戒、五不饮酒戒。
③ 明师：明清两代的抄本常出现"明师"一词，明师不一定是名师，明师，即明白事理、有修证的，且具有智慧的老师。

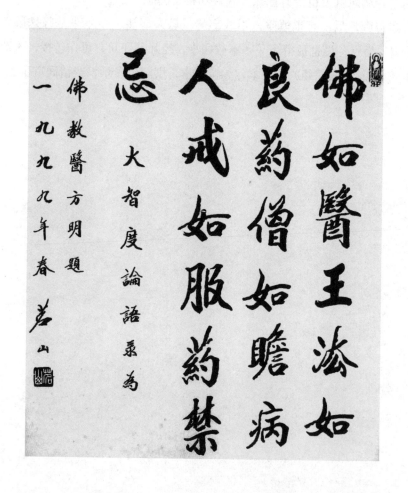

佛如醫王法如良藥僧如瞻病人戒如服藥禁忌

大智度論語録為佛教醫方明題

一九九九年春茗山山居

中国佛教协会原副会长　茗山长老题

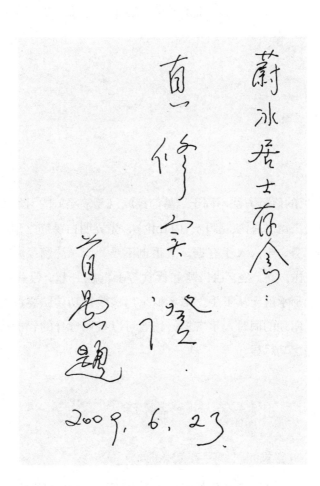

蔚冰居士存念：

真修实证。

首愚题

2009. 6. 23.

十方禅林大和尚　首愚题

二 《洗髓经》践行传弘诀

《洗髓经》的修行方法不同于《易筋经》，《易筋经》的习练次第非常清晰，先学易筋三论（总论、膜论、内壮论），先弄明白易筋之理，接下来就是练易筋十二势，学人入手有据，上手也不难。而《洗髓经》理法融为一体，又与行、住、立、坐、卧、睡和饮食等融汇在一起，没什么明显的修行次第，如无师承就无从下手。笔者拟采用实践行功传弘要诀的形式来传承，使学人在明理的同时入手有据。读者可以按照自身的状况择一法一门深入，使洗髓之功尽显。

1.翻译《洗髓经》总义

经曰："如是我闻时，佛告须菩提。"

此系佛经开卷语。"如是"指佛说，"我闻"是佛弟子听说并记载。"时"亦作"一时"，指说法之时。

"佛"指释迦牟尼。"须菩提"亦译须浮帝、须扶提，意译善见、空生、善观，为释迦牟尼十大弟子之一，善解诸法空性，常入无诤三昧，释迦牟尼赞曰"解空第一"。

经曰："易筋工已竟，方可事于此。

此名静夜钟，不碍人间事。"

习练《易筋经》，功课已得验证后，方可言及《洗髓经》。

修习多在夜深人静时，不会妨碍白天的人间事。从这一句可以知晓，修行和生活是没有矛盾的，禅法不离世间法。

经曰："白日任匆匆，务忙衣与食。

运水及担柴，送尿与送屎。"

人们白天忙忙碌碌，为衣食生活而奔波，挑水担柴，吃喝拉撒，整天忙碌不停。

经曰："抵暮见明星，然灯照暗室。

晚夕工课毕，将息临卧具。"

到了晚上，抬头可以看到天空的星辰时，点燃灯烛，明灯驱散黑暗，等到晚课（指修行人的早晚功课）做毕，行将上床休息的时分。

经曰："大众咸鼾睡，忘却生与死。

默者独惊醒，黑夜暗修持。"

人们很快地进入梦乡，鼾声起伏，浑然忘却生死大事。唯有静默者，独自警醒，利用夜深人静时做修行事。

经曰："抚体叹今夕，过了少一日。

　　　无常来迅速，身同少水鱼。"

静默者回想过去的一天，人世间生灭变化无常，自身如同池中的鱼儿，看着池水不停流失，心中升起了紧迫感。无常：凡是依因缘而生者，皆生灭变化，不可常住。无常有二义，相续无常、刹那无常。

经曰："显然如何救，福慧何日足？"

每天为营生忙忙碌碌，自身的福报、智慧不知何时才能具足。

经曰："四恩未能报，四缘未能离。

　　　四智未现前，三身未皈一。"

静默者想到国土恩、父母恩、众生恩、三宝恩都未报答，人间的种种因缘（一因缘、二等无间缘、三所缘缘、四增上缘）尚未了却，四种智慧（大圆镜智、平等性智、妙观察智、成所作智）也没有显现眼前，犹如悬在半空，不知三身（法身、报身、应身）归何处。

经曰："默观法界中，四生三有备。"

在静默中观察整个法界，有情众生不管是胎生、卵生、湿生还是化生（四生），都流转于生死之中。（三有，或指欲界、色界、无色界三界，或指一生中的三个阶段：生有、本有、死有。概指生死流转。）

经曰："六根六尘连，五蕴并三途。

天人阿修罗，六道各异趋。"

人的眼根、耳根、鼻根、舌根、身根、意根连着色尘、声尘、香尘、味尘、触尘、法尘，六根与六尘相应。众生由色蕴、受蕴、想蕴、行蕴、识蕴（五蕴）积聚而成，承受六道（一天道、二人道、三修罗道、四饿鬼道、五畜生道、六地狱道）轮回之苦。三途，指血途、刀途、火途，代指畜生、饿鬼、地狱三道。作恶要遭受三途之苦，即使是天道、人道、阿修罗道也都还在轮回之中。

经曰："二谛未能融，六度未能具。"

由于真谛和俗谛（二谛）都不能圆融，布施、持戒、忍辱、精进、静虑、智慧（六度）等尚未具足。

经曰："见见非是见，无明未能息。

道眼未精明，眉毛未落地。"

人们是非不明、见地不真的根本原因是无明，即无有智慧、不明真实。佛教认为无明是众生不得解脱的根本因缘。

经曰："如何知见离，得了涅槃意。
　　　若能见非见，见所不能及。"

人们只有远离"无明"，才知道"涅槃"的本意。"涅槃"，"灭"之意译，或译"不生不灭"。涅槃有不死、不老、无病、无衰、无损、无没、永恒、恒在、久住、坚固、甘露等异名。至不生不灭的境界，对俗世生死烦恼的彻底断灭，为佛教修行的最高境界，世间所有的见地都不能及。

经曰："蜗角大千界，蠓眼纳须弥。"

此二句言小大相容，即小见大，不可思议。若能超脱六尘，那么即使小如蜗角、虫眼也能容纳大千界须弥山。

经曰："昏昏醉梦间，光阴两俱失。
　　　流安于生死，苦海无边际。"

若终日昏昏沉沉，醉生梦死，光阴很快就会失去，始终在六道中轮回，苦海茫茫无有边际。

经曰："如来大慈悲，演此为洗髓。"

为了众生能脱离苦海，释迦牟尼佛发大慈悲心，演说《洗髓经》。

经曰："须俟易筋后，每于夜静时。

两目内神光，鼻中微运息。

腹中觉空虚，正宜纳清熙。"

从这一段开始阐述洗髓实修之法。修习《洗髓经》须待习练《易筋经》有修证、身体外强内壮后。于每天夜深人静时，两眼神光内收（眼为神舍，闭目可以养神）；然后用鼻微微呼吸，当感到腹中（下丹田）空虚时，正是吸纳清气的时机。

经曰："朔望及两弦，二分并二至。

子午守静工，卯酉干沐浴。"

要把握好时机，如朔望（朔日即农历初一、初二、初三，可采日精，又特指每月初一。望日，即农历十四、十五、十六，可采月华，又特指每月十五）每天子时和午时是修习静功的最佳时机。子时是人身阳气生发之时，午时是人体阴气生发之时，如果在子时和午时行洗髓之功，犹如交龙虎。卯酉时（卯时，即地支的第四位，早晨五点至七点，人体气血运注大肠经；酉时，即地支的第十位，晚五点至七点，人体气血运注肾经）则适宜自上而下干沐浴，即自我按摩。

经曰："一切惟心造，炼神竟虚静。

常惺惺不昧，莫被睡魔拘。"

禅宗又称心宗，认为世间一切都是由心念而造，讲明心见性。因此，修习《洗髓经》是要用心做功夫的，属于性功。而《易筋经》是调和四大的功夫，属于命功，二者的功效不可替代，但可互补。

不要费心劳神，要闭目养神，神是炼神还虚的基础，由心静入门，经常入静，静则洗髓，洗心涤虑。古德云：神足不思睡。神足了才不会被睡魔（昏沉）所障道。

经曰："夜夜常如此，月月须行持。"

明白了静则洗髓的道理后，这样的修习要夜夜行持，长年累月地坚持才会见效。

经曰："唯虚能容纳，饱食非所宜。
　　　　谦和保护身，恶疠宜紧避。"

这里讲的"虚"有身心两个层面。唯有空虚（心中、腹中）才能容纳真神和真气，如果心头有事或饱食终日，则易犯散乱和昏沉。为人平时要谦虚和气，这是保护自身的最佳方法。要注意避开恶劣的环境和恶人。

经曰："假借可修真，四大须保固。
　　　　柔弱可持身，暴戾灾害避。"

修习《洗髓经》是为借假修真。佛教认为，万物皆由四大集合而成，人身亦是由四大和合而成。四大，即地大、水大、火大、风大。凡人体显坚硬相的属地大，显流动相的属水大，显暖热相的属火大，显动摇相的属风大。人的身心若能外显柔弱，既可保身亦可养生。要注意避免由于性情暴戾而引起的灾难。

经曰："过河须用筏，到岸方弃之。"

诚然，《易筋经》与《洗髓经》是当今修行人最佳的保任方法，但它们都不是究竟之法，是过河所需要的筏，此句为修行"喻"，比喻修行各阶段的法，犹如过河用的筏，到了对岸即可放弃，如果舍不下，那么筏就成了包袱。就修炼而言，《易筋经》是为身体外强内壮，待习练有修证后，就应集中精力修习《洗髓经》；当身心能够收摄而不散乱时，就可以逐步进入静坐；当静坐功夫逐步深入，说明离初禅不远了。

经曰："造化登成理，从微而至著。
　　　一字透天机，渐进细寻思。"

每个人的造化不同，但都要从细微处入手，尤其是自己的起心动念。要好好地思索，从身、口、意三个方面观自己的因缘，了解自身，然后再制定下一步的修行目标。

经曰："久久自圆满，未可一蹴之。
　　　成功有定限，三年九载余。
　　　从容在一纪，决不逾此期。"

修习《洗髓经》不可贪急求快，需待天长日久，自然会功行圆满，绝对没有一蹴而成的快捷方式。但只要方法正确，坚持不懈，三至九年必有所成，即使天资愚钝者，十二年亦可功成。

经曰："心空身自化，随意任所之。

一切无挂碍，圆通观自在。"

只有心里空了，心无挂碍就无烦恼，人就会轻安。事事圆融，通达自在。无偏即圆，无碍即通。顿悟圆通则直达彼岸，即修行成功。

经曰："隐显度众生，弹指趋无始。

待报四重恩，永灭迷途苦。"

若能圆通自在，助人也就没有障碍，以此功德报国土恩、父母恩、众生恩、三宝恩，永远灭除迷途之苦。

经曰："后人得此经，信授可奉行。

后人于授受，叮咛视莫轻。"

这一段是告诫后人，若有因缘修习《洗髓经》，应信受践行，叮咛学人千万莫轻视。

古德云：大道至精至简。人身难得，佛法难闻。如今既得人身，又闻佛法，要努力精进，切勿错过、空过。

2. 无始钟气篇第一

经曰："宇宙有至理，难以耳目契。

凡可参悟者，即属于元气。

气无理不运，理无气不著。

交并为一致，分之莫可离。"

宇宙中的真理不是仅凭耳目就可以察觉的，只有经过亲自践行才会有所觉悟，感悟的基础是元气。气和理相辅相成，不可分离。此段文字即阐述了禅宗的"理入"。

经曰："流行无间滞，万物依为命。

串金与透石，水火可与并。

并行不相害，是曰理与气。

生处伏杀机，杀中有生意。"

气与理之间是圆融没有矛盾的，它的作用巨大，可以穿金透石，水火兼容，并不相违，两者可以变易、转化，亦可使绝处得生机。

经曰："理以气为用，气以理为体。

即体以显用，就用以求体。

非体亦非用，体用两不立。

非理亦非气，一言透天机。"

第一句是将"理"与"气"关系归纳为"用"与"体"，其后三句偈颂则用于探寻究竟，以一言透天机，即"空"（可参阅《般若波罗蜜多心经》）。

经曰："百尺竿头步，原始更无始。

悟得其中意，方可言洗髓。"

要探"究竟"须从源头入手，若能悟得其中的含义，才可以说是真正地开始"洗髓"了。

3.四大假合篇第二

经曰："元气久氤氲，化作水火土。

水发昆仑巅，四达注坑井。"

元气弥漫全身，气化成水大、火大、地大、风大，发自头部（昆仑）慢慢向下流注，滋润和洗涤五脏六腑之精髓。

经曰："静坐生暖气，水中有火具，

湿热乃蒸腾，为雨又为露。"

静坐时火大升起，和水大由上往下浸润，水火相济，湿热蒸腾，化作雨露滋养全身。

经曰："生人又生物，利益人世间。

水久澄为土，火乃气之焕。"

世间万物生成的道理都是相通的，若能应顺自然，相互都有利益。水大最终归于地大，火大气化成风大，四大和合，可借假修真。

经曰："人身小天地，万物莫能比。

具此幻化质，总是气之余。"

人身是一个小宇宙，万物都不能与之相比，那是因为有元气的缘故，才能使地、水、火、风四大和合。

经曰："本来非我有，解散还太虚。

生亦未曾生，死亦未曾死。

形骸何可留，垂老后天地。"

此段阐述了"假"与"真"的关系。修习《洗髓经》是"藉假修真"的过程与方法，其目的是为了探寻"究竟"。

经曰："假借以合真，超脱离凡数。

参透洗髓经，长生无可期。

无假不显真，真假浑无隙。"

"借假修真"的过程中超脱了原来对自身的认识，那对参悟《洗髓经》有很大帮助，气和体柔，长寿可求，静中有动的境界是"显真"的过程，其实真与假之间并非对立，而是浑然一体。

经曰："应作如是观，真与假不二。

四大假合形，谁能分别此？"

应该这样来观察真与假，真与假并无二质，人身四大本来就是由地、水、火、风假合而成，谁又能将之完全区分开呢？

4. 凡圣同归篇第三

经曰："凡夫多吃假，美衣饰其体。

徒务他人戏，美食日复日。

人人皆如此，碌碌天地间。"

人世间凡夫大多为"假"所迷，不知"真谛"。终日忙忙碌碌，追求美味的食物和华丽的衣服，几乎人人都是如此。

经曰："不暇计生死，总被名利牵。

一朝神气散，油尽而灯灭。

身尸埋旷野，惊魂一梦摄。

万苦与千辛，幻境无休歇。"

人总是在追名逐利，根本没有闲暇考虑生死大事。有朝一日一命归天，宛如黄粱梦一场，千辛万苦一辈子，一刻也不曾停歇，所追所逐终究不过梦幻泡影。

经曰："圣人独认真，布衣而蔬食。

不贪以持己，岂为身口累。

参透天与地，与我本一体。

体虽有巨细，灵活原无异。"

圣人深知其中要义，每日仅以布衣素食，不为身体和嘴巴所累，却能参悟宇宙至理。宇宙与我，虽有真假、大小之别，但其灵性是没有分别的。

经曰："天地有日月，人身两目具。

日月有晦朔，星与灯相继。

纵或星灯灭，见性终不没。"

天有日月星辰，犹如人身的眼瞳，日月（晦：古天文学名词，农历月末之月相，表示阴极之时）有阴晴圆缺，星灯亦可以相替，即使星、灯都灭了，圣人还是能明心见性。

经曰："纵成瞽目人，伸手摸着鼻。

通身俱是眼，触著则物倚。

此是心之灵，包罗天与地。

能见不以目，能听不以耳。"

我们经常使用身心灵整体健康这句话，其实对于灵的健康认知甚少。此处经文认为，即使成了盲人，伸手可以摸到自己的鼻子，也像全身长着眼睛一样，触摸到任何东西都会明了。说明心灵足以包罗天地，能看的不只有眼，能听的不只有耳朵，要用心灵去参悟。

经曰："心若能清净，不为嗜欲逼。

自知原来处，归向原来去。

凡夫与圣人，眼横鼻长直。

同来不同归，因彼多外驰。"

凡夫与圣人在外形上并无大差异。凡夫之所以为凡，圣人之所以为圣，皆因凡夫心念大多外驰。如果能自心清净，不再执着于贪欲，了解到自己的本源，那么凡夫与圣人的差异就不会这么大了。

经曰："若能收放心，常提生与死。

　　　　趁此色健身，精进用以力。

　　　　洗髓还本原，凡圣许同归。"

凡夫若能收回外驰的心，常以生死之事为重，趁现在身体健康，努力修习《洗髓经》以返璞归真，凡夫和圣人也可以殊途同归。

5. 物我一致篇第四

经曰："万物非万物，与我同一气。

　　　　幻出诸形相，辅助生成意。

　　　　有人须有物，用作衣与食。

　　　　药饵及器皿，缺一即不备。"

世间万物也不是一成不变的，它们像人一样有生有灭。世间万物都可为人所用，缺少哪一样都会不便，但千万不可为世间万物所累，忘却根本。

经曰："飞潜与动植，万类为人使。

　　　　造化恩何洪，妄杀成暴戾。"

无论是天上飞的，水里游的，动物和植物，都是大自然的造化，我们可以适当利用，但千万不可暴戾妄杀。

经曰："蜉蝣与蚊蝇，
　　　　朝生而暮死。
　　　　龟鹤麋与鹿，
　　　　食少而服气。
　　　　乃得享长年。"

蜉蝣朝生而暮死，蚊蝇等小昆虫也寿命短暂。龟、鹤、麋鹿都是性情温和的动物，它们食少而善服气，由此得享长寿。人们应该向这些性情温顺的动物学习，食少而服气，气足不思食，服气以和气。

经曰："人而不如物，
　　　　只贪衣与食，
　　　　忘却生与死。
　　　　苟能却嗜欲，
　　　　物我而一致。"

世人只贪图食物和衣服，忘却了生死大事，在这一点上人还不如这些性情温和的动物。如能够忘却嗜欲，学习龟纳鼻吸、鹤养胎息，人一样可以得到长寿。

6. 行住立坐卧睡篇第五

此篇是《洗髓经》的具体操作法，洗髓的行法融入在行、住、立、坐、卧、睡等日常作息中，由于洗髓和生活、生命息息相关，要处处用心，将散乱的心收回自身中来。该篇的字里行间充满了禅的智慧，耐人寻味，希望学人能背诵《洗髓经》第五、六篇。古德云："经读百遍，其义自现。"

经曰："行如盲无杖，自然依本分，
　　　　举足低且慢，踏实方可进。
　　　　步步皆如此，时时戒急行。
　　　　世路忙中错，缓步保平安。"

行，即行走。上面八句阐述了茫茫的人生道路应该怎样行走。

《洗髓经》的行法："举足低且慢，踏实方可进。"在养生导引法中有"行禅法"，佛教修行方法中有"经行法"，修行人的行脚功夫是基本功，民间亦有"倒行法"等，若能做到无所用心地行走，外动内静，即有洗髓之功效。

行走是人类的基本功能，几乎所有的人都不记得蹒跚学步的时刻，但一定看到过孩童学步的样子，自从学会走路后，很少再有人去思索行走的问题。当看到有人失去行走能力时，在人生道路上摔倒时，我们会作何感想？

《洗髓经》之行法还告诫行者，世路茫茫不要忙中出错，唯有自然依本分、踏实、缓步才能保平安，这是人生的哲理更是禅机，下面介绍一种洗髓行走法。

洗髓行走法：扎紧腰带，穿平底鞋；平心静气，两手十指交叉，翻掌上托，举过头顶；咬牙、舌抵上腭，缓步行走（可在空旷地前行或在大树旁绕行，行走八至十分钟）。然后两手分开自然慢慢放下，再行走五分钟，行走时两臂自然摆动。

功效：强筋壮骨，导引人体清气上升，浊气下降。

洗髓行走法

经曰:"住如临崖马，亦如到岸舟。

回光急返照，认取顿足处。

不离于当念，存心勿外务。

得止宜知止，留神守空谷。"

形不动为住，心不动为止。此法是佛教修行法之一，有身心两个层面。《修习止观坐禅法要》有云:"调心者有三义，一入，二住，三出。"在坐中调理身、息、心三事，为二住。又:"令一坐之中，身息及心，三事调适，无相乖越，和融不二，此则能除宿患，妨障不生，定道可克。"经文告诫我们不用满世界去寻找，就在当下为住。最后两句是心法，非常重要。"得止宜知止"是《洗髓经》之心法，即守中知止。"留神守空谷"引用了内丹术术语，空谷即下丹田，先住于中宫（即认取顿足处）。《道法心传》:"耳目鼻口身，精神魂魄意，攒簇在中宫，化作先天气，此窍实居中，居中复一中，万神从此出，直上与天通。"

住、立、坐、卧、睡都属静功，静功的前行基础是动中求静，《洗髓经》是以静为主，目的是静中有动，静功的基础是易筋十二势和经行法，先将十二经筋疏通，再运用经行法将动作由多变少，由繁变简，逐渐由动入静。

正坐 （住法）

经曰："立定勿倾斜，形端身自固。

　　　　耳目随心静，止水与明镜。

　　　　事物任纷纷，现在皆究竟。"

《洗髓经》之立法，即站立洗髓法，在国术内功中有站桩法。外形取静止状态，促使内部气机运行起来，以达洗髓的功效。

站立洗髓行法： 取伏虎桩，两脚开立，略宽于肩，屈膝成马步；咬牙，舌抵上腭，双目平视，两臂环抱于体前，鼻息调匀，有津时分三口咽下，用意将津液送至下丹田。师云："若要把髓洗，先从站桩起。"

功效： 洗五脏六腑之精髓、骨髓、脊髓、脑髓。体会外静内动，感受龙行虎自奔（人体津、精、血为龙，气为虎）。

注意： 伏虎桩强度较大，初学者要循序渐进，起功时由站桩十分钟起立，待身正形固后再慢慢增加站桩时间。伏虎桩应由易筋十二势后的松静站立过渡而来，练完《易筋经》十二势后，闭目、两手合掌或结定印（右手在上，左手在下两大拇指相抵）置于胸前，鼻吸鼻呼，咽津、咽气，使心平气和。需要注意的是，站立是闭目的，而伏虎桩是睁眼的。

站立洗髓行法

经曰："坐如邝山重，端直肃仪容。

闭口深藏舌，出入息与鼻。

息息归元海，气足神自裕。

浃骨并洽髓，教外别传的。"

"本衙藏板"《洗髓经》之坐法附录了明代养生学家高濂的《八段锦导引法图》，并明确告诉行者这是洗髓妙法，是一种很重要的静功修行方法。

取此种姿态时身形最为稳当，问题是"坐"则易犯"昏沉"和"散乱"，除了用易筋十二势对治昏沉外，又有《洗髓经》对治散乱。

"洗髓"的行法除了坐法以外，还有上面讲到的经行法和站立法，坐姿的洗髓导引法都集中在《八段锦导引法图》中，演练详法可参照下文的古法坐姿《八段锦导引法图》。

坐法：结跏趺坐。两手结定印；身体前倾（肋腹运尾闾），推出尾闾（此举非常重要）；咬牙、舌抵上腭，咽津液，用意送到下丹田（有津即咽）。行坐法前，须先行八段功夫以助洗髓。

结跏趺坐

经曰："卧如箕形曲，左右随其宜。

两膝常参差，两足如钩钜。

两手常在腹，扪脐摸下体。

睾丸时挣刴，如龙戏珠势。"

要诀：调和真气五朝元，心息相依念不偏。二物长居于戊巳，虎龙蟠结大丹圆。

人生有将近三分之一的时间在床上度过，此处讲的静卧法是养气敛神最有效的方法，任何灵丹妙药都不能与之相比。本书所用之静卧洗髓法，选用道家和医家的静卧导引养生法，即五气归元法。要诀中所提二物即气血，亦称龙虎。

五气归元法：侧卧身形如弓，虎龙居于戊巳，侧卧时，先行调息，其后观想心气为赤色的龙；肝气为青色的龙；脾气为黄色的龙；肺气为白色的龙；肾气为黑色的龙。五条五色龙依次飞回中宫，结为一团，名曰：大丹圆。起身后再两手挣刴睾丸，收功时咬牙，舌抵上腭，用鼻吸气，同时提肛，然后放松呼气，重复三次。

需要注意的是，行静卧五气归元法时，务必空腹，饱食后静卧易犯昏睡，行功时卧室不可以有宠物，室内光线要暗。

五气归元法

经曰："倦则侧身睡，睡中自不迷。
　　　　醒来方伸足，仰面亦不拘。
　　　　梦觉详无异，九载见端的。"

要诀：肺气长居于坎位，肝气却向到离宫。脾气呼来中位合，五气朝元入太空。

行静卧功后，若有倦意，即右侧睡。

睡功要诀：观想白色的肺气长居于坎位，青色的肝气回到离宫，黄色的脾气和合中位，然后再观想赤青黄白黑五龙飞回中宫。这是返老还童的妙方。这样气足神具睡眠效果就好，觉醒后仰卧，然后伸展手足，如此长期坚持定有收获。

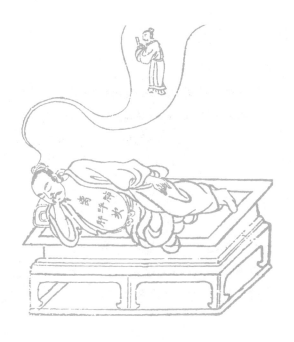

陈希夷①睡功图（佛家称吉祥卧）

---

① "本衙藏板"《洗髓经》之卧法与睡法，均选用养生学家陈希夷的睡功图说。陈希夷，原名陈
  抟，字图南，自号扶摇子，亳州真源（今安徽亳州）人。五代宋初道学家、理学家、养生学
  家，世寿 118 岁，擅长睡功。

经曰："超出生死关，究竟如来意。

　　行住坐卧篇，只此是真谛。"

《洗髓经》是认识自身的方法，可以超脱生死，孔子曰："未知生，焉知死。"通过修习《洗髓经》来了解释迦牟尼的究竟法门，一切都从行、住、立、坐、卧、睡和饮食开始，这就是养生的真谛。

7.洗髓还原篇第六

《洗髓经》有行、住、立、坐、卧、睡等多种修行方式，然其主要采取的仍是坐姿，以此为静坐之前行。此篇将坐姿修行的方法与要诀专成一章，非常重要。其中洗髓行功法之诸多要点均可与"八段锦导引法"相互印证。

经曰："易筋工已毕，便成金刚体。

　　外感不能侵，饮食不为积。"

修习《达摩易筋经》后，身体外强内壮，寒暑不能侵入，饮食也不会积聚。

经曰："还怕七情伤，元神不自持。

　　虽具金刚相，犹是血肉躯。"

虽然身体强壮了，还是怕七情（喜、怒、忧、惧、爱、憎、欲）会伤及元神和元气。因此强壮的身体仍然是血肉之躯，经不起七情的伤害。

经曰："须照洗髓经，食少多进气。

搓摩干沐浴，按眼复按鼻。"

必须参照《洗髓经》，多服气，少进食。卯酉二时搓热两掌自上而下
干沐浴，再用两手轻轻按眼，然后再用手按鼻翼。

经曰："摸面又旋耳，不必以数拘。

乜眼常观鼻，合口任鼻息。"

接下来再用两掌摩面，用两手掌掩耳前后按摩。不必记数，以面部耳
部发热为度。两手按膝，眼下视观鼻白（尖），咬牙、舌抵上腭，闭口，用
鼻吸鼻呼，注意鼻息调匀。一呼一吸为一息，先吸后呼。

经曰："每去鼻中毛，切戒唾远地。

每日五更起，吐浊纳清气。

开眼去小便，切勿贪酣睡。

厚褥跌跏坐，宽解腰中系。"

每天寅时即起，吐故纳新是最佳时机。吐故，即口呵浊气。纳新，即
鼻吸清气。

早上起床要睁开眼，咬着牙去小便，这样做精气才不会离散。切勿贪
酣睡忍小便，会伤及精气。等神志清醒后，宽衣解带，在厚褥上结跏
趺坐。

为不影响鼻息，年纪大的男性要经常修剪自己的鼻毛，因鼻毛有收缩
功能，毛长会影响进气量。津液是人身精华，宜存、宜咽，不可唾弃，更
戒用力唾弃津液。

经曰："右膝包左膝，调息舌柱腭。

胁腹运尾闾，推肾手推搦。

分合按且举，握固按双膝。

鼻中出入丝，丝绵入海底。"

结跏趺坐，可先采用《达摩易筋经》之"冥心握固法"，先将左脚收回，左脚跟抵住会阴部（下左图），此法为脚握固，再将右膝包住左膝；闭目冥心，咬牙、舌抵上腭（是为了接通任脉与督脉）；两手屈拇指握四指，成手握固，然后按双膝（下右图），两手分合上举，重复三次。

身体保持正直，胁腹前倾同时推出尾闾（此举非常重要）；用鼻吸鼻呼，将气沉入下丹田（具体动作要领参照《八段锦导引法图》第一、四段）。

功效：洗脊髓、脑髓。《医经》曰："洗心曰斋，防患曰戒。"需要注意的是，静室光线不要太强，不要坐在风口。

经曰："有津续咽之，以意送入腹。

　　　　叩牙鸣天鼓，两手俱掩脐。

　　　　伸足扳其趾，出入六六息。

　　　　两手按摩竟，良久方拳立。"

继上势：待口中津液出，可续下咽，用意将津液送到下丹田，此举即用津液灌洗五脏六腑；叩齿三十六（每组九次，作四组）是调火候；两手掌按听宫（耳孔），食指压在中指上，慢慢下滑，发出声响，谓鸣天鼓，"鸣天鼓"是为了通尾闾、夹脊、玉枕三关，使督脉通；然后两手放在脐上，右手在内，续咽津液；两足放舒伸，低头攀足频（要领参照《八段锦导引法图》第一、二、四、七、八段）。

经曰："左脚亦穴然，按摩工已毕。

　　　　徐徐方站起，行稳步方移。

　　　　忙中恐有错，缓步为定例。"

两手先按摩左足部，然后再按摩右足；起身后两手交叉上举，慢步行走，依次放松腰、肩、颈、肘、腕、髋、膝、踝等大关节。

经曰："三年并九载，息心并涤虑。

　　　　浃骨更洽髓，脱壳飞身去。

　　　　渐几浑化天，末后究竟地。"

修习《达摩易筋经》是脱胎换骨的功夫，《洗髓经》是洗心涤虑的功夫，少则三年，多则九年才能进入究竟地。现代人福薄，慧根不易显现，更宜终身保任才是。

经曰："即说偈曰：

口中言少，心头事少。

腹里食少，自然睡少。

有此四少，长生可了。"

佛经中的偈语，亦称法语，是总结性的，上面四句偈语说明了修身养性方法的两组因果关系：第一，口中言少是因，心头事少是果；第二，腹里食少是因，自然睡少是果。理清了二者的关系修行也就入手有据了。

8. 翻译经义后跋

释慧可翻译菩提达摩禅师所传《洗髓经》经义后写的《跋》，全文为四言偈颂体。

释慧可曰："前译经文，后译名义，

文言名义，异味可通。

梵语达摩，华言法空，

空诸所有，不即不离。"

前面的经文以及后面所译的名义，虽然所用文字相异，但道理是相通的。如梵言"达摩"，华言"法空"，即诸法空相。

释慧可曰："人若执经，终不迁移，
　　　　　分门别曰，我慢自趋。
　　　　　同己则许，异己则毁，
　　　　　在教泥教，老死范围。
　　　　　如此之人，迂而且鄙，
　　　　　坐井观天，蠛蛄为期。"

修行者如果执着于经文，那么就会发展成"我慢"，自己懂的则认可，不理解的就否定，像这样的人又迂腐又鄙薄，他的见地如坐井观天，他的生命也像一种短命的昆虫蠛蛄一样朝生暮死。

释慧可曰："祖师圆通，东游西归，
　　　　　只履独步，熊耳灭迹。
　　　　　不惟葬度，且并空理，
　　　　　无挂无碍，得大自在。"

达摩祖师圆通无碍，东来西归仅凭一人，在熊耳山灭度，然后只履西归，无有挂碍中也透出了空理，那是菩提达摩祖师的大自在。

释慧可曰："噫嘻吾师，天纵生知，
　　　　　生于默识，幼而颖异。
　　　　　少游量度，穷有敬谊，
　　　　　不泥言筌，直见渊源。"

啊！我的师父，有先天的慧根，从小就聪颖过人，心胸宽广，放弃富贵，传法时不拘泥于文字，追根溯源，直指人心。

释慧可曰："时来东土，直指性地，

解缠①出缚②，天人师资。

数祖洪慈，遗兹妙谛，

后之见者，慎勿漠视。"

达摩禅师来到中华，直言明心见性，解脱种种缠缚，不愧为一代祖师。达摩祖师以其行愿与慈悲在华夏传承了释迦牟尼的妙谛，以后若有缘得到者，千万不要轻视，应珍之宝之，代代相传。

9.传临济正念篇第七

月庵超昱绪欣内典翻译

以上十八个字书于"本衙藏板"《洗髓经》的最后，以下是空白（也有人将空白处说成是无字天书），据笔者所知这是书写法卷传承的，以下简述禅宗法脉传承。

自释迦牟尼在灵山"拈花微笑"后当众宣说："吾有正法眼藏，涅槃妙心，实相无相，微妙法门，不立文字，教外别传，付嘱摩诃迦叶。"这是释迦牟尼心传法门，属教外别传，即不同于原先用语言和文字来传达的佛教，释迦牟尼以心印传摩诃迦叶③，由摩诃迦叶传至菩提达摩已有二十八代，达摩禅师来华在嵩山面壁而坐，亦是不立文字，直指本心，明心见性，

---

① 解缠：佛教名相，缠，烦恼缠缚之意，解缠即从烦恼中解脱出来而证得法身。

② 出缚：佛教名相，缚，拘束之意，又作结缚。指身心烦恼、妄想或因外界事物束缚而失去自由，出缚即从妄想、烦恼中解脱出来。

③ 摩诃迦叶：亦称大迦叶、迦叶，释迦牟尼的弟子，释迦牟尼以心印心，迦叶得正法眼藏后，成为古印度禅宗祖师。

见性成佛。只能直接地以心印心，是禅的密意，不是透过文字和语言来表达，禅以为觉悟的真谛是不能言说的。菩提达摩开中华禅宗，传法于二祖慧可，慧可传三祖僧璨①，僧璨传四祖道信②，道信传五祖弘忍③，道信又别传法融（开牛头山支系），弘忍传神秀、惠能④，于是禅门大启，惠能被尊为六祖，六祖以上均以衣钵相传，惠能以后不传衣钵，六祖惠能禅师门下南岳怀让⑤、青原行思二大系，青原系下形成曹洞、云门、法眼三宗，南岳系下形成沩仰、临济二宗，合为禅宗五家，称为"一花开五叶"。

五家中沩仰、云门、法眼三家传至北宋中叶相继绝嗣，唯临济、曹洞相传至今。

临济宗是中国禅宗五家之一，盖因开创者义玄禅师⑥在镇州（今河北正定）临济禅院传法而得名。所传"内典"即"佛典"，禅师传法要手书"法卷"传于法嗣，谓之传法。

---

① 僧璨：亦称大隋三祖（？—606），中国禅宗二祖惠可传付衣法时为三祖所取的法名。

② 道信：俗姓司马（580—651），得法于三祖僧璨，为中国禅宗四祖，因他和门徒弘忍同在湖北黄梅东山弘法，故世称东山法门。

③ 弘忍：俗姓周（601—674），七岁出家，师从道信，为中国禅宗五祖，惠能、神秀都出自弘忍门下，使禅门大开。

④ 惠能：俗姓卢（638—713），故人称卢行者，有《法宝坛经》传世，弘忍付衣法与惠能，为中国禅宗六祖，自惠能后只传法，不传衣钵。

⑤ 南岳怀让：俗姓杜（677—744），少年出家，得法于六祖惠能，后住南岳衡山般若寺，怀让禅师是中国禅宗史上有重要地位，他建立的南岳系，后来形成了著名的沩仰和临济二大家，临济宗传承至今。

⑥ 义玄禅师：俗姓邢（787—867），少年出家，参黄檗希运禅师而得法，后住镇定临济禅院，后世以临济为号，法席旺盛，名声大振，是中国禅宗五大家里最著名的临济宗创始人。

三 心印与心法

菩提达摩禅师慈悲，来到中华传授禅法，识国人之根器，传《易筋经》、《洗髓经》统摄上、中、下三根。达摩禅师一生传法，坦坦荡荡，少言多行，直指人心，将门内不传之秘《易筋经》之"心印"和《洗髓经》"心法"，付于众生。

1.《易筋经》心印

古人云：假传万卷书，真传一句话。《易筋经》的译者般剌密谛担心人们不识心印，特别嘱咐"守中"一句为心印。心印和心法属传承之精要，下文略述，供践行者体悟、印可。

心印，又称密印。何为密印？不可言说只可用心感悟为密，可不断重复而无更改为"印"。菩提达摩在传授《易筋经》时，首先传了心印，菩提达摩用国人熟悉的"守中"两字作为心印，这两字出自《老子》："多言数穷，不如守中。"意即任你把世间的妙法都数穷尽了，还是不如守中，守中就是守住了中道，也就是守住了根本。《本草总篇》说："摄生之道，莫若守中，守中则无过与不及之害。"

《乐育堂语录》曰："守中一步，虽属入道初基，其实彻始彻终，皆离不开这'守中'二字。"充满智慧的菩提达摩用"守中"作为《易筋经》的心印是非常了不起的事，他将复杂而又深奥的理法和修行之根本用国人熟悉明了的语言传达了出来。

《易筋》、《洗髓》二经得以传承至今，绝非偶然。直至今日，但凡有实修经验的人都明白，练易筋时只有守住中道，才是守住源头根本。源头的气调和了，并使之不离散，方谓"守中用和"。易筋是疏通经筋，调和身心，守中则是守住源头根本。此法在练功过程中一体相承，贯穿始终，绝不变异，故称"心印"。般刺密谛曰："此篇乃达摩佛祖'心印'，先基真法，在'守中'一句，其用在'含其眼光'七句[①]，若能如法行之，则虽愚则明，虽柔必强，极乐世界可立面登矣。"

2.《洗髓经》心法

《洗髓经》曰："不离于当念，存心勿外务，得止宜知止，留神守空谷。""知止"[②]是《洗髓经》的心法，何为心法？不用外求，在自身（又作本身），即自己本来之真如心性。《六祖坛经》曰："不识本心，学法无益。"禅宗有句口头禅：即心是佛。《心王铭》曰："自观自心，知佛在内，不向外求，即心是佛，即佛即心。"

何谓"知止"？《洗髓经》曰："回光急返照，认取顿足处。"此句告诫人们无需满世界苦寻，即刻回头在自身里认取立足处。

解缠出缚，知止而守中，心法与心印相互契合。前有先基真法，后有明心之法，如此践行，才能明心见性。

---

① 七句：指闭眼、凝耳、匀鼻、缄口、逸身、锁意、四肢不动七句。
② 知止：佛教名相，知即知晓、明了，止即止观，自观自心。

四 《洗髓经》助行

《洗髓经》的助行主要是"冥心握固坐"与《八段锦导引法图》，助行以坐姿为主，助行功夫都附带有洗髓功能，也有根器正者直接"握固冥心坐"就进入洗髓了，但是极少，绝大多数的人，还是要通过长时间的用《八段锦导引法图》助行，逐渐起到洗髓的功效。下面讲述《洗髓经》之助行《八段锦导引法图》和行功要诀等。

1.《洗髓经》与《八段锦导引法图》

"本衙藏板"《洗髓经》只有文字，其内容是以坐姿为主，动静结合，但没有导引图谱，有关导引养生和修身养性的内容，大多集中在"行住立坐卧睡篇第五"和"洗髓还原篇第六"，全文是偈颂体，文字精简至极，后人若无传承很难深入。《洗髓经》传承至明朝，衙门（官方）在刊印《洗髓经》时为方便学人有形可依，故收录了高濂①的《八段锦导引法图》，可是也只有古籍文字，没有图谱，学人还是很难明了《洗髓经》与《八段锦导引法图》有什么关联。其实所有的上乘功法都是以人为本，技法也是相通的，

———————

① 高濂：字深甫，号湖上桃花渔、瑞南、瑞南道人，明代养生家，撰《遵生八笺》，系古代最全和最实用的养生专集。

正所谓万变不离其宗。上乘功法另一特点是至精至简，正因为如此《洗髓经》一再告诫后人"视莫轻"。现将《洗髓经》的经文标明在相应的导引法图上，并将动作细化，保留原图要诀和高濂的操作要诀，使之更加完备，并具可操作性。

《八段锦导引法图》又名《八段锦导引诀》、《八段锦坐功图诀》等，其"总诀"与《钟离八段锦》内容相同。高濂说："《八段锦》法乃古圣相传，故为图有八。"又说："子后午前做，造化和乾坤，循环次第①转，八卦②是良因。"高濂认为八段和八卦相应，八是法数，涵义甚广，锦是珍贵，有殊胜之意。明代另一位养生学家周履靖③将其收入《赤凤髓》，其中很多内容散见于明清以后的《内功图说》等导引养生书中。清代席裕康认为，坐姿八段锦当首推《八段锦坐功图诀》，此乃古圣相传，余皆旁门。他的坐功八段锦歌诀最简，只有三十二字。

"本衙藏板"《洗髓经》之《八段锦导引法图》歌诀和操作法，出自高濂所著《遵生八笺》之"延年却病笺"。这一次整理补齐了《洗髓经》原著《八段锦导引法》的古图谱、歌诀和操作方法，使之完整。这样做便于学人依据古人传承的经验修习《洗髓经》，现将演练附录于后，便于学练。

---

① 次第：佛教名相，即前后顺序，依次第排列。
② 八卦：即《周易》中的八种基本图形，《周易参同契》曰："乾坤者，易之门户。"
③ 周履靖：字逸之，号梅颠道人，明代养生学家，撰《赤凤髓》三卷，将《八段锦导引法图》收入。

2. 古法坐姿《八段锦导引法图》

《洗髓经》的行法有行、住、立、坐、卧、睡等，各种行法都有各自的特点，有精于行法者，有精于立法者，亦有精于卧法者，但绝大多数选择坐姿，认为坐姿较为稳当，但是消除坐姿的两大障碍昏沉和散乱实非易事，故有《易筋经》和《洗髓经》行世。《八段锦导引法图》就是《洗髓经》坐功导引的前行，全部采用坐姿导引法，初习者按次序练习，不要作随意的增减，一天早晚各一次最好，目的是进一步强筋壮脊，为静坐打下良好的基础。

第一段

闲目冥心坐，握固静思神。
叩齿①三十六，两手抱昆仑②。

---

① 叩齿：齿为骨之余，常宜叩击，使筋骨活动，心神清爽，叩八的倍数。
② 昆仑：内丹术术语，指两耳后，上连玉枕，通百会。实指头、脑，上丹田之异名。

闭目冥心坐

《洗髓经》曰：胁腹运尾闾，握固按双膝。

操作要点：先收左脚跟抵会阴，再右膝包左膝，盘腿而坐，闭两目，两手握固置于腿根，用调鼻息却除心中杂念。凡坐，要挺起胁腹，推出尾闾，竖起脊梁，腰不可弱。

叩齿三十六

　　操作要点：上下牙齿，相叩作响三十六次（每组九次，做四组），叩齿以集身内之神使不散也。昆仑即头，以两手十指相叉，抱住后颈，即用两手掌紧掩耳门，鼻息九次。

两手抱昆仑　（正身位）　　　　　两手抱昆仑　（侧身位）

操作要点： 盘膝而坐，闭目，冥心，握固，叩齿三十六次（每组九次，做四组）。叉抱两手于项后，鼻息九次，呼吸不令耳闻。（自此后出入息皆不可使耳闻。）"叩齿集神"是第一段的要诀。

第二段

左右鸣天鼓，二十四度闻。

鸣天鼓 （正身位）

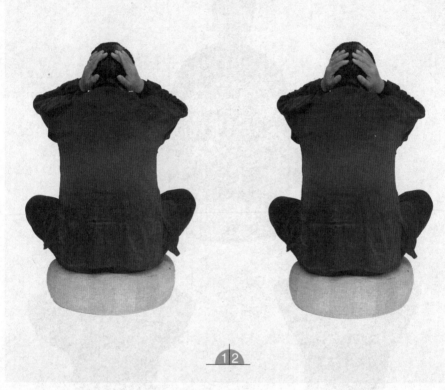

鸣天鼓 （后身位）

《洗髓经》曰：叩牙鸣天鼓。

操作要点： 移两手心掩两耳，先以第二指压中指，弹击脑后，左右各二十四次（每组八次，做三组）。"指击后脑"是第二段的要诀。

第三段

微摆撼天柱①。

---

① 天柱：内丹术术语，自上而下前三节脊柱骨，名天柱。

微摆撼天柱　（握固）

微摆撼天柱 （左势）

微摆撼天柱 （右势）

操作要点：先须两手握固，置于一侧，天柱即上三节颈椎，旋转摇动头部，共二十四次（每组八次，做三组），肩膊不动。"微摇天柱"是第三段的要诀。

第四段

赤龙^①搅水井，漱津^②三十六。

神水^③满口匀，一口分三咽，龙行虎自奔。

---

① 赤龙：内丹术语，指舌，赤龙卷水，纳津咽气。

② 漱津：将舌舐上腭，久则生津液，下咽时要汩汩有声，意想灌溉五脏，咽数以多为妙。《梁丘子延年法》："常以鸡鸣时，仰卧被发，啄齿三十六通，吞津咽气，远死之道。"

③ 神水：内丹术语，口中津液。《性命圭旨》曰："闭者塞兑垂帘兼逆听，久而神水落黄庭也。"

赤龙搅水井　漱津三十六

《洗髓经》曰：有津续咽之，以意送入腹。

操作要点： 赤龙者舌也，以舌搅口齿并左右颊，待津液生而咽。鼓漱津液三十六口，每口所漱津液分作三口咽下，咽下时作汩汩声，用意念送至下丹田。

液为龙，气为虎。"赤龙搅海"是第四段的要诀。

第五段

闭气①搓手热，背后摩精门②。
尽此一口气，想火烧脐轮③。

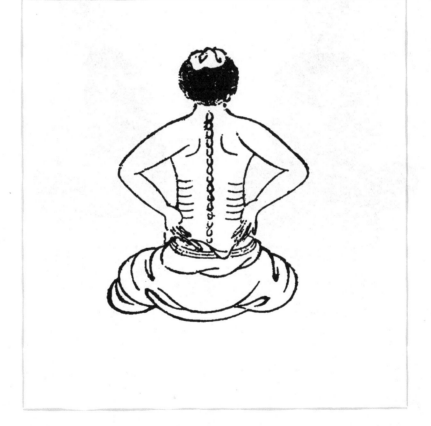

①　闭气：内丹术语，练功至呼吸极微弱，若有若无谓闭气。
②　摩精门：内丹术语，用手摩擦后腰两侧软组织处，底胯骨上腰部。
③　脐轮：内丹术语，即下丹田。

（正身位）　　　　　　　　（侧身位）

闭气搓手热

操作要点：以鼻引清气闭之。少顷，搓手急数令热极，鼻中徐徐乃放气出。

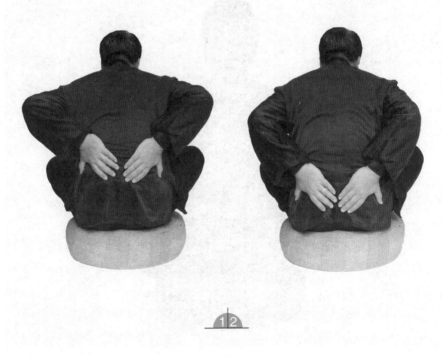

背后摩精门

操作要点：精门者，腰后外肾也，合手心摩毕，收手握固。

尽此一口气　想火烧脐轮

《洗髓经》曰：推肾手推搦。

操作要点：闭口鼻之气，意想用心火下烧丹田，觉热极即用后法。"摩运肾堂"是第五段的要诀。

第六段

左右辘轳转①。

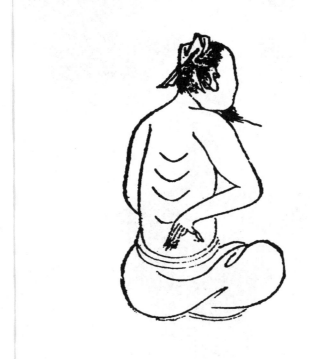

---

① 辘轳转：内丹术语，指真气沿任督脉升降。《玄微心印》曰："阳动则运转辘轳，勿迟勿急；不动则伏气胎息，勿忘勿助；此又口诀之口诀也。"

左右轱辘转 （左势）

左右轳辘转 （右势）

操作要点： 俯首，摆撼两肩三十六（每组九次，做四组），想火自丹田透双关入脑户，鼻引清气，闭少顷间。"单关辘轳"是第六段的要诀。

第七段

两脚放舒伸，叉手双虚托。

两脚放舒伸

叉手双虚托(正身位分解演示)

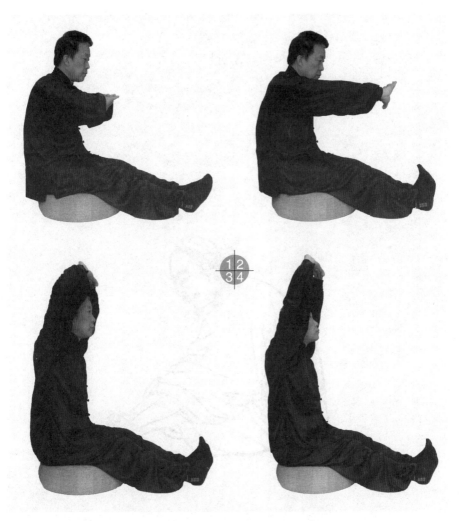

叉手双虚托　（侧身位分解演示）

《洗髓经》曰：分合按且举。

操作要点：放直两腿，足趾内勾，叉手相交，向上托空三次或九次。"叉手按顶"是第七段的要诀。

第八段

低头攀足频，以候逆水上。

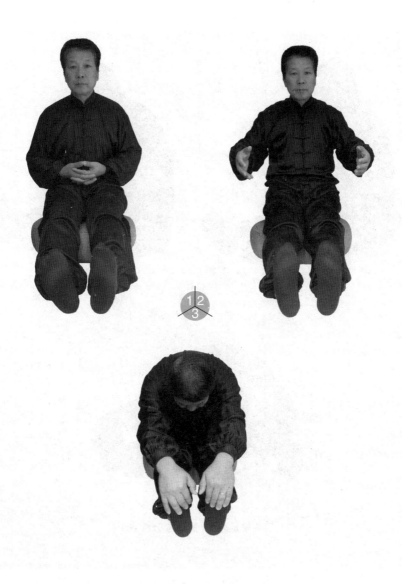

低头攀足频(正身位分解演示)

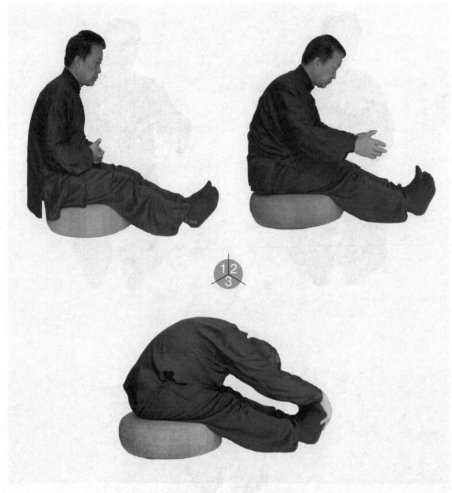

低头攀足频 （侧身位分解演示）

《洗髓经》曰：伸足扳其趾。

操作要点： 以两手向前攀脚心十二次（每组六次，做两组），乃收两足，端坐。"手足钩攀"是低头攀足频的要诀。

（正身位）　　　　以候逆水上　　　　（侧身位）

操作要点： 侯口中津液生，如未生，再用急搅取水，同前法。"推出尾闾"是以候逆水上的要诀。

诀曰：再漱再吞津，如此三度毕，神水九次吞。

咽下汩汩响，百脉自调匀。

河车①搬运讫，发火遍身烧。

《洗髓经》曰：息心并涤虑，浹骨更洽髓。

操作要点： 子后午前行，勤行无间断，万病化为尘。想丹田火，自下而上，遍烧身体，通身皆热。想时口鼻皆闭气少顷。

诀曰：邪魔不敢近，梦寐不能昏。

寒暑不能入，灾病不能迯。

子后午前作，造化合乾坤。

循环次第转，八卦是良因。

释义： 行功何必拘以子午，但一日之中，得有身闲心静处，便是下手所在，多寡随行。若认定二时，忙迫当如之何？入道者不可不知。

---

① 河车：内丹术术语，《钟吕传道集》曰："河车者，起于北方正水之中肾真气，真气之所生之正气，乃曰河车。"

五　静则洗髓

动则易筋，静则洗髓，易筋十二势动中求静，洗髓之法则静中求动。《洗髓经》之"行住立坐卧睡篇"就是静中求动，禅门倡导静悟，重视解脱，出缠解缚（去除妄念，消除烦恼）是洗髓的目的。

行，入静状态的行走，《洗髓经》曰："徐徐方站起，行稳步方移。忙中恐有错，缓步为定例。"行脚和经行是古代修行人的基本功，功夫深入一步为行禅，故有洗髓之功。

住，意为定、止，包含立、坐、卧、睡等。站立（桩）、静坐、睡卧等，故有洗髓之功。

立，《洗髓经》曰："立定勿倾斜，形端身自固。"站立功夫，又称站桩，古德云：若要把髓洗，先从站桩起。松静站立是洗髓之基本功。

卧，《洗髓经》曰："卧如箕形曲，左右随其宜。两膝常参差，两足如钩钜。"此佛家之吉祥卧，取卧姿容易放松和入静，故有洗髓之功。

睡，《洗髓经》曰："倦则侧身睡，睡中自不迷。"昏睡主要是吃得太饱，故经曰："腹里食少，自然睡少。"洗髓炼神，神足不思睡，神足则性静心空。

行、住、立、坐、卧、睡等洗髓法，一般以坐法洗髓为主，《禅门口诀》曰："行住坐卧，常应系念，但多卧则沉昏，立多则疲极，行多则纷动，难可一心，坐无此过，所以多用。"行、立、卧都要适宜，不可太过，唯坐功洗髓可多一些。

《八段锦导引法》以坐姿导引为主，待熟练后可将前四段在静坐前做，后四段在静坐后做，这样既可洗髓又可以试着静坐，以此验证洗髓效果。先导引然后再静坐，下座前再导引，下肢不易麻痹。

1. 洗髓要诀

《洗髓经》的要诀是用以贯彻在行、住、立、坐、卧、睡和饮食等各个方面，除了调身形诀、调气息诀、调心念诀三调外，还要增加调饮食诀和调睡眠诀，下面讲述洗髓要诀。

《洗髓经》调身形的要诀，可参照伸筋拔骨，但动作幅度变小了，《八段锦导引法图》是洗髓的辅助功，以坐姿的导引动作为主，有通经脉和通关窍之功效，如"左右鸣天鼓，二十四度闻"可助通督脉和尾闾、夹脊、玉枕三关，洗髓功最好早晚各做一次。《八段锦导引法图》全部以坐姿完成，下盘不能动，只有上肢和颈部的动作。如果有练易筋十二势的经验，再做《八段锦导引法图》并不困难，唯一的难处是动作更精微了，若能进此一步，当可受益匪浅。

《八段锦导引法图》的八段动作初学要连在一起做，每一段都有其不同的功效，既要掌握要领，又要坚持习练，这一点非常重要，也是静坐摄心的基础，如果没有打好这个基础，静坐时又会回落到昏沉中去，切记！

坐姿洗髓一般都采用冥心握固坐法，这种坐法密宗谓之"方便坐"，亦是左足跟抵会阴，以右足包左足，足底向上，足跟靠近脐下。有助于炼精化气，并有预防下焦（小腹部）疾病的功效。两手握固，拳心朝上，置于腿根部。冥心握固坐，又名"降魔坐"、"菩萨坐"，有利降伏妄念。宽衣解带，上坐，上身保持正直，身体微向前倾，推出尾闾，打坐若压住尾间会犯昏沉。咬牙，舌抵上腭，先咬牙然后放松，同时舌抵（注意不是"舐"）上腭，待津液生时鼓漱吞咽，此乃洗髓专法，要单练。下座时，用两手将腿搬下，伸直两腿，脚趾内勾，待腿脚放松后才下座。

调饮食诀，晚上要少饮食，使腹内空，可不落昏睡。

调睡眠诀，若条件允许，子、午各行卧法，即五气归元法。实行时先行卧功，后入睡功。

2. 注意事项

练洗髓坐功最好在室内，备一坐垫，厚约二寸、一尺见方的软垫，静坐时垫于臀下，此垫名曰"禅定垫"。

上坐调身，首先应推出尾闾，此举非常重要，《洗髓经》曰："肋腹运尾闾。"养生学认为，人在母腹肚脐吸收，囟门呼出。出生后口鼻吸收，尾闾呼出，不可压住尾闾，使之透气。

另外，静坐时，静室内不要有动物（如宠物之类），光线要柔和，要避风，禁用冷气。如静极时受惊（如雷声、爆竹、门铃、电话铃等），不要急于离座，两手握固调息后再起身。初学者，不要在野外和不熟悉的环境席地而坐练洗髓。

附录一　任、督二脉图与十二经络图

在"本衙藏板"《易筋经》中有介绍任督两脉和十二经筋走向的文字，是用以配合易筋十二势练习，并以此说明易筋是为了易"筋"、"经"，从而达到舒导"筋经"的功效。练习《易筋经》可疏通十二经筋，练《洗髓经》则是疏通任督两脉和十二经脉。十二经脉与十二经筋是中医学经络系统的两个部分，经脉在内无实质可见形态，经筋在外有可见实质形态，但是二者都从属脏腑并以脏腑命名。本书附录的经脉图选自明代张介宾所著《类经·图翼》之十二经，关于十二经脉和十二经筋的关系，张介宾有一段"按语"讲得最为明确，摘录于下。

十二经脉之外，而复有所谓经筋者何也？盖经脉营行表里，故出入脏腑，以次相传；经筋连掇百骸，故维络周身，各有定位。虽经筋所行之部，多与经脉相同，然其所结所盛之处，则惟四肢溪谷之间为最，以筋会于节也。筋属木，其华在爪，故十二经筋皆起于四肢指爪之间，而后盛于辅骨，结于肘腕，系于膝关，联于肌肉，上于颈项，终于头面，此人身经筋之大略也。

筋有刚柔，刚者所以束骨，柔者所以相维，亦犹经之有络，纲之有纪，故手足项背直行附骨之筋皆坚大，而胸腹头面支别横络之筋皆柔细也。但手足十二经之筋又各有不同者，如手足三阳行于外，其筋多刚，手足三阴行于内，其筋多柔，而足三阴、阳明之筋皆聚于阴器，故曰前阴者，宗筋之所聚，此又筋之大会也。然一身之筋，又皆肝之所生，故惟足厥阴之筋络诸筋，而肝曰疲极之本。此经脉经筋之所以异也。

任脉图

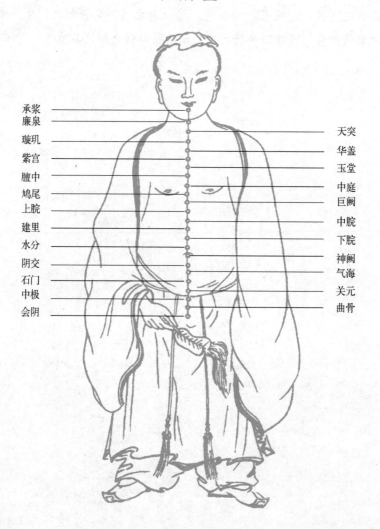

承浆
廉泉
璇玑
紫宫
膻中
鸠尾
上脘
建里
水分
阴交
石门
中极
会阴

天突
华盖
玉堂
中庭
巨阙
中脘
下脘
神阙
气海
关元
曲骨

　　《灵枢经》曰："缺盆之中，任脉也。"任脉者，起于中极之下，以上毛际循腹里，上关元，至咽喉，属阴，脉之海也，中行凡二十四穴。

颐前

1. 承浆穴（一名天池，在颐前唇下陷中，是阳明之会。）

颔下

2. 廉泉穴（在颔下结喉上，舌本阴维，任脉之会，仰而取之。）

膺腧

3. 天突穴（一名玉户，在顶结喉下四寸宛宛中。）

4. 璇玑穴（在天突下一寸陷中。）

5. 华盖穴（在璇玑下一寸。）

6. 紫宫穴（在华盖下一寸六分。）

7. 玉堂穴（一名玉英，在紫宫穴下一寸六分。）

8. 膻中穴（一名包络，在玉堂下一寸六分，直两乳之中间。）

9. 中庭穴（在膻中下一寸六分。）

腹中行

10. 鸠尾穴（在蔽骨之间，言其骨垂下如鸠状，故名。腹前蔽骨下五分，
    人无蔽骨者，从歧骨之下行一寸是也。）

11. 巨阙穴（在鸠尾下二寸，心之幕也。）

12. 上脘穴（在巨阙下一寸五分，去蔽骨三寸，任脉、手太阳、足阳明之
    会也。）

13. 中脘穴（在脐十四寸五，胃幕也，三阳任脉之会，谓上纪也。）

14. 建里穴（在中脘下一寸。）

15. 下脘穴（在建里下一寸，足太阳、任脉之会，为幽门。）

16. 水分穴（在下脘下一寸。）

17. 神阙穴（在脐中。）

18. 阴交穴（在脐下一寸。）

19. 令海穴（一名下育，在阴交下五分。）

20. 石门穴（在脐下一寸三分，女子禁灸。）

21. 关元穴（在脐下二寸，小肠幕，谓下纪也，三阴、任脉之中。）

22. 中极穴（在脐下四寸，一名元气，足三阴之会。）

23. 曲骨穴（在横骨上，中极下一寸，毛际中极动脉处，足厥阴之会。）

24. 会阴穴（在大便前、小便后，一名尾翳，两阴间是也。）

督脉图

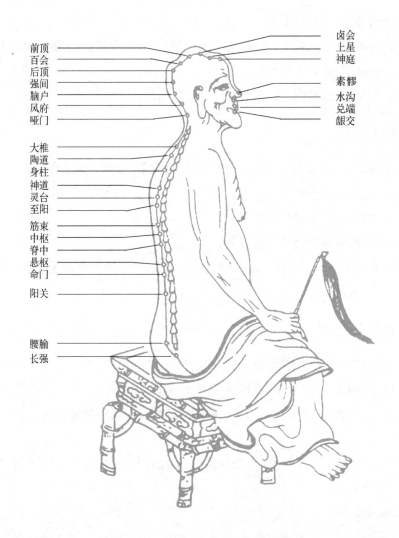

前顶
百会
后顶
强间
脑户
风府
哑门

大椎
陶道
身柱
神道
灵台
至阳

筋束
中枢
脊中
悬枢
命门

阳关

腰腧
长强

卤会
上星
神庭

素髎
水沟
兑端
龈交

《灵枢经》曰："颈中央之脉，督脉也。"督脉者，起于下极之腧，并于脊里，上至风府，入脑上巅，循额至鼻柱属阳脉之海也，中行凡二十七穴。

鼻柱下

1. 素髎穴（在鼻柱上端。）

2. 水沟穴（一名人中，在鼻柱下，人中督脉、手阳明之会，上唇取之。）

3. 兑端穴（在唇上端。）

4. 龈交穴（在唇内、齿上，督、任二脉之会。）

额上行

5. 神庭穴（直鼻上，入发际五分，督脉、足太阳、阳明三脉之会。）

6. 上星穴（在神庭后，入发际一寸。）

7. 囟会穴（在上星后一寸五分。）

8. 前顶穴（在囟会后一寸五分。）

9. 百会穴（一名三阳五会，在前顶后一寸五分，顶中央旋毛中，陷可容指，督脉、足太阳之交会。）

顶后至项

10. 后顶穴（一名交冲，百会后一寸五分。）

11. 强间穴（一名大羽，在后顶后一寸五分。）

12. 脑户穴（一名迎风，一名合颅，在枕骨上，强后一寸寸五分，督脉、足太阳五之会。）

13. 风府穴（一名舌本，入顶发际一寸，脑户后一寸五分，项大筋内宛宛中。）

14. 哑门穴

皆脊下

15. 大椎穴（在第一椎陷中,三阳、督、任所发。）

16. 陶道穴（在项大椎节下间,督脉、足太阳之会,附而取之。）

17. 身柱穴（在第三椎下间,附而取之。）

18. 神道穴（在第五椎节下间,附而取之。）

19. 灵台穴（在第六椎节下间,附而取之。）

20. 至阳穴（在第七椎节下间,附而取之。）

21. 筋束穴（在第十椎节下间,附而取之。）

22. 脊中穴（在第十一椎节下间,附而取之,禁不可灸,令人伛偻。）

23. 悬枢穴（在第十三椎节下间,附而取之。）

24. 命门穴（在第十四椎节下间,附而取之。）

25. 阳关穴（在第十六椎节下间,附而取之。）

26. 腰腧穴（在第二十一椎节下间。）

27. 长强穴（在脊骶端。）

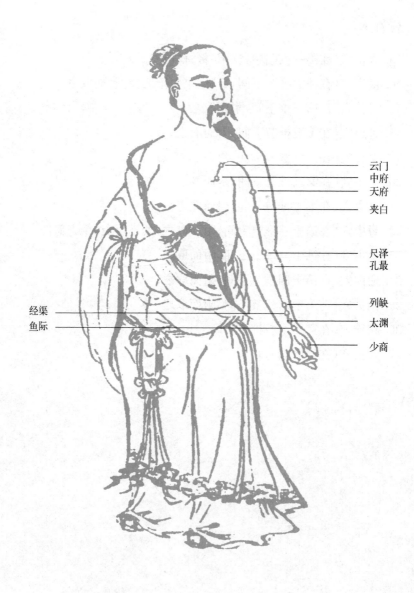

云门
中府
天府
夹白

尺泽
孔最

列缺
太渊

少商

经渠
鱼际

手太阴肺经图

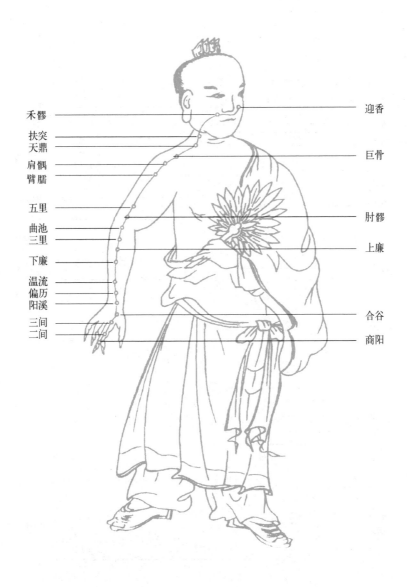

禾髎
扶突
天鼎
肩髃
臂臑
五里
曲池
三里
下廉
温流
偏历
阳溪
三间
二间

迎香
巨骨
肘髎
上廉
合谷
商阳

手阳明大肠经图

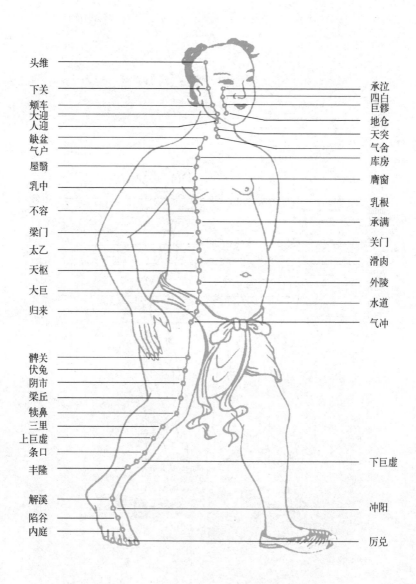

头维
下关
颊车
大迎
人迎
缺盆
气户
屋翳
乳中
不容
梁门
太乙
天枢
大巨
归来

髀关
伏兔
阴市
梁丘
犊鼻
三里
上巨虚
条口
丰隆

解溪
陷谷
内庭

承泣
四白
巨髎
地仓
天突
气舍
库房
膺窗
乳根
承满
关门
滑肉
外陵
水道
气冲

下巨虚

冲阳

厉兑

足阳明胃经图

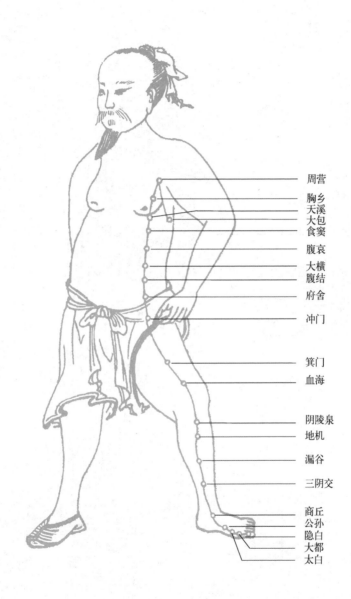

周营
胸乡
天溪
大包
食窦
腹哀
大横
腹结
府舍
冲门

箕门
血海

阴陵泉
地机
漏谷
三阴交

商丘
公孙
隐白
大都
太白

足太阴脾经图

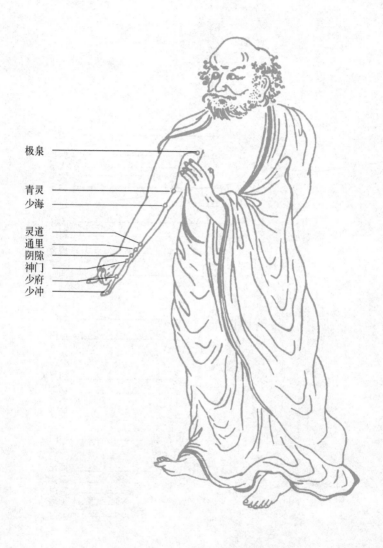

极泉

青灵
少海

灵道
通里
阴隙
神门
少府
少冲

手少阴心经图

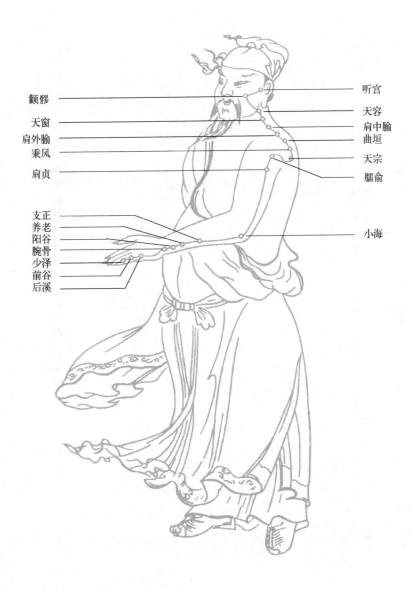

颧髎 ——————————————— 听宫

天窗 ——————————————— 天容

肩外腧 —————————————— 肩中腧

秉风 ——————————————— 曲垣

肩贞 ——————————————— 天宗

　　　　　　　　　　　　　　　　臑俞

支正 ——————————

养老 ——————————

阳谷 ——————————　　　　　　　　　小海

腕骨 ——————————

少泽 ——————————

前谷 ——————————

后溪 ——————————

手太阳小肠经图

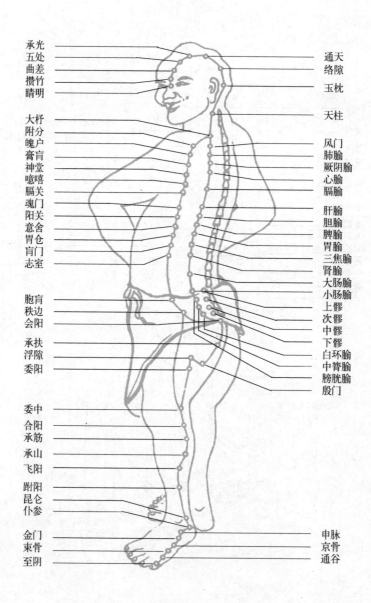

承光　　　　　　　　　　　　　　　　通天
五处　　　　　　　　　　　　　　　　络隙
曲差　　　　　　　　　　　　　　　　玉枕
攒竹
睛明　　　　　　　　　　　　　　　　天柱

大杼　　　　　　　　　　　　　　　　风门
附分　　　　　　　　　　　　　　　　肺腧
魄户　　　　　　　　　　　　　　　　厥阴腧
膏肓　　　　　　　　　　　　　　　　心腧
神堂　　　　　　　　　　　　　　　　膈腧
譩嘻
膈关　　　　　　　　　　　　　　　　肝腧
魂门　　　　　　　　　　　　　　　　胆腧
阳关　　　　　　　　　　　　　　　　脾腧
意舍　　　　　　　　　　　　　　　　胃腧
胃仓　　　　　　　　　　　　　　　　三焦腧
肓门　　　　　　　　　　　　　　　　肾腧
志室　　　　　　　　　　　　　　　　大肠腧
　　　　　　　　　　　　　　　　　　小肠腧
胞肓　　　　　　　　　　　　　　　　上髎
秩边　　　　　　　　　　　　　　　　次髎
会阳　　　　　　　　　　　　　　　　中髎
　　　　　　　　　　　　　　　　　　下髎
承扶　　　　　　　　　　　　　　　　白环腧
浮隙　　　　　　　　　　　　　　　　中膂腧
委阳　　　　　　　　　　　　　　　　膀胱腧
　　　　　　　　　　　　　　　　　　殷门

委中
合阳
承筋
承山
飞阳
跗阳
昆仑
仆参

金门　　　　　　　　　　　　　　　　申脉
束骨　　　　　　　　　　　　　　　　京骨
至阴　　　　　　　　　　　　　　　　通谷

足太阳膀胱经图

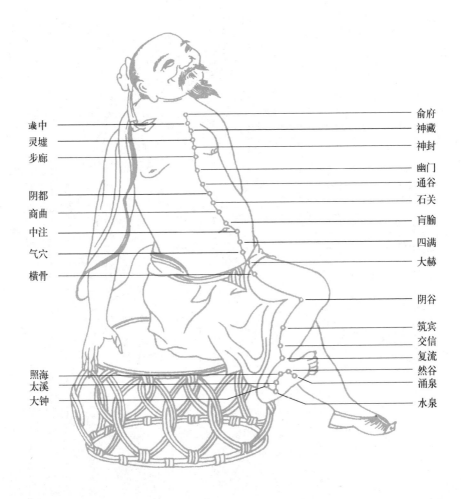

彧中
灵墟
步廊

阴都
商曲
中注
气穴
横骨

照海
太溪
大钟

俞府
神藏
神封

幽门
通谷
石关
肓腧
四满
大赫

阴谷

筑宾
交信
复流
然谷
涌泉
水泉

足少阴肾经图

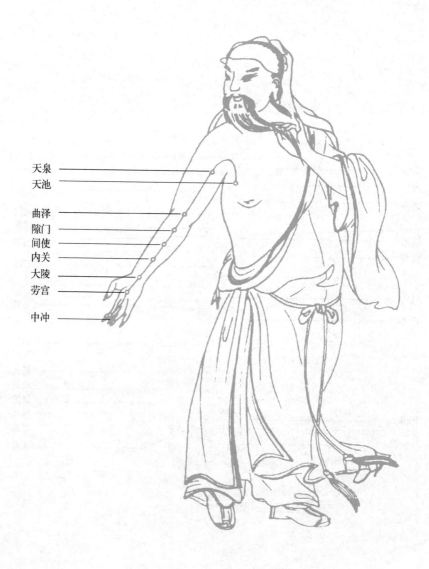

天泉
天池

曲泽
郄门
间使
内关
大陵
劳宫

中冲

手厥阴心包经图

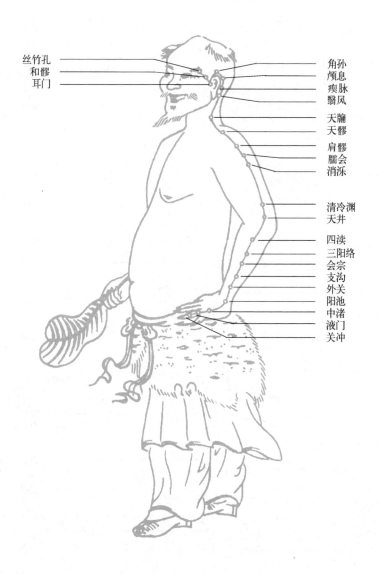

丝竹孔
和髎
耳门

角孙
颅息
瘈脉
翳风

天牖
天髎

肩髎
臑会
消泺

清冷渊
天井

四渎
三阳络
会宗
支沟
外关
阳池
中渚
液门
关冲

手少阳三焦经图

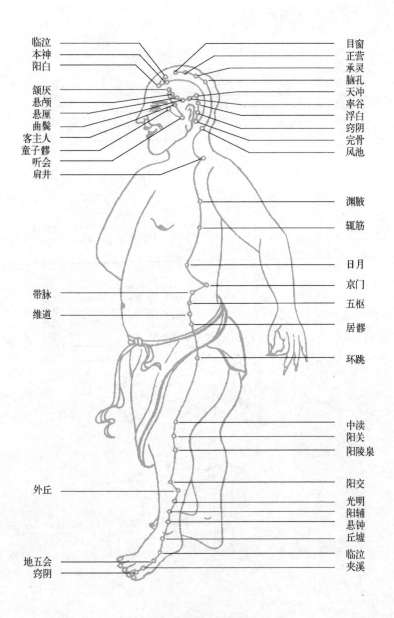

临泣
本神
阳白
颔厌
悬颅
悬厘
曲鬓
客主人
童子髎
听会
肩井

目窗
正营
承灵
脑孔
天冲
率谷
浮白
窍阴
完骨
风池

渊腋
辄筋
日月
京门
五枢
居髎
环跳

带脉
维道

中渎
阳关
阳陵泉
阳交
光明
阳辅
悬钟
丘墟
临泣
夹溪

外丘

地五会
窍阴

足少阳胆经图

122

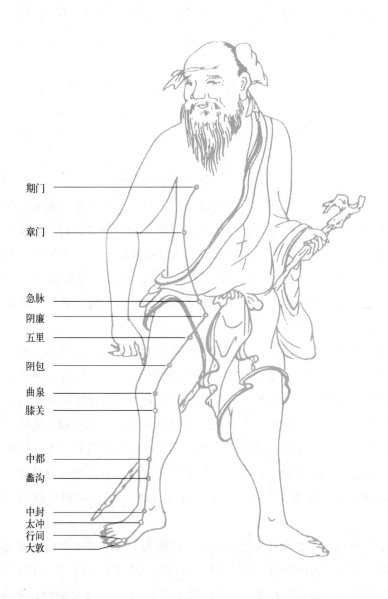

期门
章门

急脉
阴廉
五里
阴包
曲泉
膝关

中都
蠡沟

中封
太冲
行间
大敦

足厥阴肝经图

附录二　道教内丹术版《洗髓经》的发现

戊子年上海东方电视台有一访谈节目，介绍上海市第一批非物质文化遗产名录，其负责人遗憾地表示上海第一批非遗名录中没有"传统体育竞技项目"。余想上海开埠一百多年来真可谓藏龙卧虎，有名振海内外的国术大家王子平、佟忠义、霍元甲、刘德生等，怎么会没有传统体育竞技呢？于是不揣鄙陋，将传承之"达摩易筋经"申报上海市第二批非物质文化遗产。

余虽然勤习《易筋经》、《洗髓经》数十载，且有十数年教学经验，但真正进入非遗申报程序，才发现困难仍然很多。由于需要追溯的年代久远，很多师辈们已先后谢世，仍健在的由于老城区动迁等种种原因也一时很难找到，有的去了海外。尤其是当得知唐金元老师的遗稿、遗物已被其后人烧掉后，我更加感觉到先辈们留下宝贵财富的珍贵和不易。呜呼！非物质文化遗产如此之脆弱，稍有不慎即化为灰烬。正是由于这件事，我发心要将传承之"达摩易筋经"法脉传承理清楚，使之得到更好的保护和传承。

余在申报上海非物质文化遗产时，经常去上海图书馆古籍文献室查资料，除了查阅"本衙藏板"《易筋经》残卷外，还意外发现了一部题为明代洪武年间的《洗髓经》抄本。抄本后辑有"本衙藏板"《易筋经》之内容，书前有两篇序言，据题款一篇是唐代大历元年杜鸿渐所写；一篇是明代洪武二十四年武当山道士邱玄清[①]所写。从中我们可以推知两点：其一，"本衙藏板"《易筋经》之内容应该可以追溯到元末明初，乃至更早。其二，明代以前（具体年代待考）已有先贤将《洗髓经》用道教内丹术的术语传承下来，在修身养性方面，儒、释、道、医彼此相通。这也是由于修行总不离行、住、坐、卧、吃、喝、拉、撒，行法没有什么分别。"易筋以坚其体，洗髓以清其心。"至于所用佛教名相或道教术语已不重要，重要的是传承法脉清晰。

相传《洗髓经》系菩提达摩所传，释慧可得达摩祖师传承后，一直在禅宗门内传承，世人难以窥其全貌，现今看到一部用道教内丹术术语传承的手抄本《洗髓经》，甚感惊讶，细细品来，入手有据，行法和次第与"本衙藏板"《洗髓经》经义相同。自从发现古籍善本丹经版《洗髓经》后，余不敢独享，此类手抄本传世极少，原本也少人提及，实用价值和文献价值都很高。现先将《洗髓经》部分之邱玄清序言附录于后，其全文待整理完毕后另成一册，再供读者参详。

---

① 邱玄清，元末明初人，自幼出家，师从黄德祯，明洪武年上武当，拜张三丰为师，接法后住持武当山五龙宫，后被皇帝朱元璋授监察御史、太常寺卿等职，佐掌天下道教。

道教内丹术版《洗髓经》邱玄清序

后　记

己丑年对易筋经而言是吉祥年，在上海传承了一百多年的民间体育项目"达摩易筋经"，被上海市政府评选为省级非物质文化遗产。同年上海古籍出版社出版的"本衙藏板"《达摩易筋经》又被中华中医药学会评为"新中国成立60周年全国中医药科普著作奖"，《达摩易筋经》是全部获奖作品中唯一一部传统功法类科普著作。

现在《达摩易筋经》的续篇《洗髓经》即将在上海古籍出版社正式出版发行，余深感欣慰，可以告慰真慈大和尚等诸位先辈的在天之灵。千百年来，《洗髓经》一直在宗门内传承而世人罕知，人们只知其名而难以了解其本来面貌。相反，《易筋经》在民间传承了将近一千五百年，影响非常广泛，与其相关的书籍多达二百五十余种。尽管早年也曾有冠名以"洗髓经"的书籍，但其内容与《洗髓经》迥异。戊子年台湾大展公司首次出版发行了由我整理的繁体字佛、道两家的《洗髓经》，人们先睹而快，引起一股不小的学习和收藏热。这说明人们对菩提达摩祖师的行法是欢喜的，真可谓：禅法不离世间法。

"本衙藏板"《洗髓经》是目前可以看到的最完整法本。为使学人进阶有基，得窥门径，现不揣鄙陋，以践行传弘诀的形式公之于众，希望更多的人修习精进，福慧增长。又附录道教内丹术版《洗髓经》中明代邱玄清的序言于其后，并略作介绍，待全书整理完毕供诸位学者印证。

古人之所以不肯将《洗髓经》公开，一是尊重师训，更多是担心其法既精又简，会引起市井之徒诽谤，所以秘不示人，历来只随衣钵传承，世间所传手抄本又依传抄人自身的体悟增补和删减，实与菩提达摩祖师传法之初衷相左。菩提达摩当初传授《洗髓经》是为了对治散乱，习禅者只有降伏了散乱之心，才能真正入静。禅宗的养生智慧非常符合现代的快节奏生活，它可以将我们的心从缠缚中解脱出来。我怀着诚惶诚恐的心情将《洗髓经》毫无保留地供养大家，并将自身修习之心得与大家分享，但又担心自身实证工夫不扎实，行文辞不达意，敬请有修证之明师不吝指教。

现代养生学学者卓大宏教授与林中鹏教授为本书写了序言，余感恩两位德高望重的学者的指点和帮助。上海古籍出版社的王兴康社长对本书的出版予以大力支持，李明权、刘海滨、严克勤先生为《洗髓经》的编辑做了大量细致的工作，李莉小姐也提出了中肯的意见，在此一并表示感谢。吾儿石卿几乎完成了所有图文的整理工作，吾心甚慰。

严蔚冰

己丑年冬至日于浦东藏经室